U0486660

◎ 漫漫经典情丛书・文学卷

且行 且歌

陈艳敏 著

天津出版传媒集团
天津教育出版社
TIANJIN EDUCATION PRESS

图书在版编目（CIP）数据

漫漫经典情. 文学卷 ： 且行，且歌 / 陈艳敏著. --
天津 ： 天津教育出版社，2020.1
ISBN 978-7-5309-8237-2

Ⅰ.①漫… Ⅱ. ①陈… Ⅲ. ①读书笔记－中国－现代
Ⅳ. ①G792

中国版本图书馆CIP数据核字（2018）第300886号

漫漫经典情——文学卷：且行，且歌

MANMANJINGDIANQING——WENXUEJUAN: QIEXING QIEGE

出版人	黄　沛
作　　者	陈艳敏
选题策划	齐　力
责任编辑	齐　力
装帧设计	郭亚非
出版发行	天津出版传媒集团 天津教育出版社 天津市和平区西康路35号　邮政编码　300051 http://www.tjeph.com.cn
经　　销	新华书店
印　　刷	北京楠萍印刷有限公司
版　　次	2020年1月第1版
印　　次	2020年1月第1次印刷
规　　格	16开（787毫米×1092毫米）
字　　数	170千字
印　　张	17
定　　价	49.80元

书香溢远，经典常新

——“漫漫经典情”丛书自序

阅读是我生活不可缺少的一部分。安静的桌前，古老的树下，忙里偷闲的间歇，流动的舟车之上，随时随地都是阅读的好时光。边读边想边记，跨越时空与大家、圣贤作奇妙的对话，推动不曾开启的门窗，探询崭新的天地，洞见不同的境界，陷入深思或遁入回想，观照自身或打量世界，于我都是无比幸福的事。由此内心安静从容，常怀欢喜。

我并不知道那是一种怎样的驱使，每天醒来第一件事直奔书桌，伴着窗外小鸟的歌唱埋头读书，或者写字，被一种莫名的力量牵引着，激发着。包里也是常年揣着本书，茶余饭后，随时随地利用貌似不多但却常在的“零碎时间”，遨游于书本构筑的奇异世界，敞亮、开阔而又通透。

书本一页一页地翻开，文字也在一日一日地累积。承蒙天津教育出版社的美意，将其编为“漫漫经典情”系列（《哲学卷：觉知，觉醒》《自然卷：安然，安在》《艺术卷：美轮，美奂》《文学卷：且行，且歌》），如此迄今为止我个人出版的读书随笔集就有十册了。那是时间的见证、美好的回忆，也是生命的副本。与书本感应、共鸣和探讨激辩的无数个刹那，唤起了自我内在生命的真实回响。我们是在读书，也是在读我们自己。我们走了很远，我们又始终不曾离开。

我所读的这些书籍，有些被称作经典，也有一些存在争议，但开卷有益，对我而言，这些作品或多或少都洋溢着经典的精神与气息。经典通常是经过了时间淘洗的传世之作，而眼下浩瀚的典籍中亦不乏经典，美好的事物都带着经典的气质。文学评论家吴义勤先生倡导“中国当代文学经典化”，他在接受《中华读书报》采访时指出，经典的产生要等待历史的淘洗，这个命题很可怀疑，由此他号召当代文艺理论家要在经典的发现和创造方面有所作为。我对这号召拳拳服膺，却自知浅陋，不可能为这伟业有什么贡献。然而作为一个阅读者，把自己读过、喜欢、有所心得的书籍列出来，和大家分享，或许会在我们呼唤经典的进程中发些微光吧？歌德在其《谈话录》中谈及阅读，并不一味地迷信经典，而是强调经典气质的同等重要。在他看来，无论你读的是什么，关键是你吸取了什么，那里面“有什么光能照亮你”。作为一名嗜书的读者，我自然也有自己心目中的经典，它超越了时间、时代、国度，以超然的视角、眼光、格局关怀着人类的命运，表达着独特的洞见，承载着世间的真善美，给人以深刻的启迪、无尽的思索，或以悲悯、素朴的情怀与情感，发现并捕捉着平凡之中的伟大与不平凡，播撒人性的光辉，呈现耀眼的光泽与质地，给人以恒久的信心、温暖和希望。“漫漫经典情”丛书致敬经典，在读物的选取上不存偏见，所选不仅有中外优秀古籍，还有现当代上乘之作，从大量作品中尽力采集光亮，吸收善美，照亮自我乃至他人的心灵，让世界更明净，让灵魂更清澈，让光和美永存人间。

阅读需要契机，时光需要浸润，这四本集子的诞生也非一日促成。机缘的巧合，时光的砥砺，生命的融入，满怀的真情与真意，伴随着读与写的从容光阴散布于生活的每一天。文学、艺术、哲学、自然，我热衷并亲近的四个领域。在书稿结集之时，相关作品自然而然地归为四个集子。

《哲学卷：觉知，觉醒》以人生、哲学思考为主题和主线，通过对老子、庄子、列子、孔子、爱比克泰德、马可·奥勒留·安东尼、西塞罗、苏格拉底、柏拉图、叔本华、列夫·托尔斯泰等中外哲学大家、思想家和优秀典籍的解读与对话，探究生命的本质，追索生命的意义，关注爱、幸福、欢乐以及生死等人生哲学问题，试图呈现不同时代、不同国度、不同民族、不同个体的哲学观念、哲学视角、人生智慧和人生角度，同时加入自身思考与体悟，探索深邃宽广的哲学世界。

《自然卷：安然，安在》以自然、生命、自我为主题和主线，通过对爱默生、梭罗、让－雅克·卢梭、亨利·贝斯顿、费伦茨·马特、玛丽·奥斯汀、玛丽·拉塞尔·米特福德、奥尔森、彼得·梅尔、乔治·吉辛、杰米娅·勒克莱齐奥、J.M.G. 勒克莱齐奥、纪德、高更、赵园、鲍尔吉·原野等中外知名作家、学者、艺术家散文经典的欣赏与领略，表达对于自然、生命、自我的思考，探究人生、生命真谛，传递文化、人文之美。

《艺术卷：美轮，美奂》以艺术为主题和主线，聚焦美术、音乐、戏剧、展览等重要艺术领域的辉煌成果和优秀典籍，通过对罗曼·罗兰、罗斯金、丹纳、朱光潜、黄永玉、吴藕汀、蒋勋等中外知名作家、艺术家散文经典的阅读与赏析，领略米开朗基罗、梵·高、莫奈、德加、达·芬奇、贝多芬、杜尚、达利，以及张大千、潘天寿、刘海粟、徐悲鸿、齐白石等中外艺术大师的艺术思想和艺术造诣，认识、欣赏世界优秀文化的珍贵遗存，感受丰富瑰丽的艺术魅力。

《文学卷：且行，且歌》以文学为主题和主线，通过对沈从文、汪曾祺、陈建功、王安忆、冯骥才、张炜、陈丹燕、赵园、木心、罗曼·罗兰、劳伦斯、尼采、大江健三郎、村上春树等中外知名作家、学者散文经典的感知与感悟，沉浸于文学的纯美境界。

书香溢远，经典常新。这些日复一日随手记下的心得和笔记原本是用于自己学习的，在采撷光亮、萃取精华的过程中，它潜移默化地影响我感染我滋养我，使我时时地感到生命的更新和自身的成长。今天，有机会将自己的“独家收藏”拿出来，与更多的朋友交流与分享，体验阅读之美、成长之乐，于我是一件愉快的事。开卷有益。愿您和我一样，在打开书本的刹那，或多或少能够从中受益。

陈艳敏

目　录

第二辑　藉着精神的灯火

好的作品，不是“作品”，总能让人看见光。

第三辑　站在更高远处

我们必然会在人性与神性的融合交互中锻造生命，站在更高远处用不可阻挡的气息去穿透时光。

第一辑

且行，且歌

生命本身就是一首歌、一支曲，于极致之时流淌出最自然的曲调。

路漫漫其修远兮

——读李山译注《楚辞》

要领略中国古代诗歌的魅力，《诗经》之外，必读《楚辞》。《楚辞》以充沛的情感、婉转的曲调、宏大的篇幅、浪漫的气息，开创了中国古代文学史上一种全新的诗歌样式，为人类留下了丰富的精神财富，亦让身为读者的我们感受到不一样的文学之美。

《离骚》作为楚辞的代表作，连同其作者屈原一起，被王国维在《屈子文学之精神》一文中给予了高度评价。他说："大诗歌之出，必须俟北方人之感情，与南方人之想象合而为一，即必通南北之驿骑而后可，斯即屈子其人也。""变《三百篇》之体而为长句，变短什而为长篇，于是感情之发表，更为婉转矣。此皆北方文学之所未有，而其端自屈子开之。然所以驱使想象而成此大文学者，实由其北方之肫挚的性格。此庄周等之所以仅为哲学家，而周、秦间大诗人，不能不独数屈子也。"

以上评价是中肯的。然而展读《离骚》，乃至《九歌》《天问》《九章》，扑面而来的却是满目的愁苦凄清，抑郁徘徊，百转千回不得舒展：“情沉抑而不达兮，又蔽而莫之白也。”“心不怡之长久兮，忧与愁其相接。”“揽茹蕙以掩涕兮，沾余襟之浪浪。”“长太息以掩涕兮，哀民生之多艰。”显然是胸中难以遏制又无以释放的真情感、真情怀刹那间突破了语言的模式与束缚，以词句的反复堆叠和情感连绵不绝的爆发，开创了楚辞的全新样式。其中《天问》的情绪更是喷薄而出，一连铺排了 170 多个问句，制造出气象恢宏的惊人效果。其神话色彩和浪漫气息更渲染出出其不意的艺术美感，字里行间无不寄托了作者自己的美好追求和高尚品格。“朝饮木兰之坠露兮，夕餐秋菊之落英。”“制芰荷以为衣兮，集芙蓉以为裳。不吾知其亦已兮，苟余情其信芳。高余冠之岌岌兮，长余佩之陆离。芳与泽其杂糅兮，唯昭质其犹未亏。忽反顾以游目兮，将往观乎四荒。佩缤纷其繁饰兮，芳菲菲其弥章。民生各有所乐兮，余独好修以为常。”

彼时的他自言自语、自述自听，全然不会想到创新、突破，更不会想到这些情之所至、吟咏而出的篇章语句能够流传百世。诗歌于他，楚辞于他，只不过是其唯一可以抓住的自我救赎的一种方式：“道思作颂，聊以自救兮。忧心不遂，斯言谁告兮！”然而诗歌最终还是未能保全和留住他的生命，诗中“霰雪纷其无垠兮，云霏霏而承宇。哀吾生之无乐兮，幽独处乎山中。吾不能变心而从俗兮，固将愁苦而终穷。”“伏清白以死直兮，固前圣之所厚。”以及“宁逝死而流亡兮，不忍为此之常愁”这样的词句预示了他既定的命运，悲情、悲壮。

世道浑浊之下，一筹莫展、游移彷徨的他也曾问卦占卜，卦告：“勉远逝而无狐疑兮，孰求美而释女？何所独无芳草兮，尔何怀乎故宇？”郁闷至极，他也曾动念远游，想要一走了之：“世混浊而莫余知兮，吾方高驰而不顾。驾青虬兮骖白螭，吾与重华游兮瑶之圃。登昆仑兮食玉英。与天地兮同寿，与日月兮同光。”然而故乡故土，始终被他记挂在心里，当神游途中忽然瞥见云下的故乡，瞬间又引起了他无限的眷恋与感伤：“陟升皇之赫戏兮，忽临睨夫旧乡。仆夫悲余马怀兮，蜷局顾而不行。”正如其郁郁的心结始终不得解开。

“忘儇媚以背众兮，待明君其知之。”“宁溘死而流亡兮，恐祸殃之有再。不毕辞而赴渊兮，惜壅君之不识。”这些诗句表达了他的终身愿望，受到君主的信任、赏识是他毕生的追求，受君主冷落是他最不能忍受的事，以至于为此放弃了生命。在他的身上折射着忠于君主、修身治国的儒家思想，而《渔父》一文的对话却道出了儒道两家不同的思想脉络和道路选择，屈原说：“举世皆浊我独清，众人皆醉我独醒，是以见放。”渔父却劝他：“圣人不凝滞于物，而能与世推移。世人皆浊，何不淈其泥而扬其波？众人皆醉，何不哺其糟而歠其醨？何故深思高举，自令放为？”屈原不听，渔父也不勉强，莞尔一笑，鼓枻而去，乃歌曰：“沧浪之水清兮，可以濯吾缨。沧浪之水浊兮，可以濯吾足。”较之愁肠百结的屈原，全然是云淡风轻的另一种人生态度；孰是孰非，见仁见智。《菜根谭》有云："处治世宜方，处乱世宜圆，处叔季之世当方圆并用。"又云："持身不可太皎洁。"屈原高洁的品格、爱国爱民的情怀无疑值得世人敬佩景仰，而他以放弃生命来践行自我信念的方式又令世人深感惋惜：高洁的品格是否非要以死来证明和践行呢？放弃生命对他来说是否真的就是不二选择呢？流离已久的诗人孤苦无依，的确已经精疲力尽了，站在汨罗江边的那一刻，生与死也许真的就在一念之间吧。

"路漫漫其修远兮，吾将上下而求索。"诗人去了，然而他的诗歌却承载着他的生命流传了下来，跨越千年来到我们身边；那气息还在，那精神还在，那美还在。

（《楚辞》，李山选注，中华书局，2014 年 1 月第 1 版第 1 次印刷）

2016 年 5 月 6 日

扎根泥土，贴近自然

——读深圳一石《美人如诗，草木如织》

万物皆有灵，如若能够抛开俗务贴近自然万物，倾听或懂得自然草木的声音，那我们的心灵是否也将日益清澈明净，溢满欢喜和灵性呢？《诗经》里的植物千姿百态，历经千年淘洗，呈现于我们眼前之时，依然枝繁叶茂、草木葳蕤，显示着蓬勃的生命力。尤其是作为寄情之物，存活了千百年的各色植物在那一刻、在我们的追索与想象中活出了天然的美感，那咏叹的余音依然悠悠地回响在亘古的生命中。这是《诗经》的魅力，亦是它所承载的亘古不衰的人性和情感的力量。

美人如诗，草木如织。回溯到诗的源头，彼时的美人和身边寄情的草木有着单纯明净的美："关关雎鸠，在河之洲。窈窕淑女，君子好逑。参差荇菜，左右流之，窈窕淑女，寤寐求之。""投我以木瓜，报之以琼琚。匪报也，永以为好也！投我以木桃，报之以琼瑶。匪报也，永以为好也！投我以木李，报之以琼玖。匪报也，永以为好也！"……两千多年前，没有科技的高度发达，没有商业铺天盖地的诱惑，人与自然如此和谐、贴近，身边的每一棵树木、每一株花草，似乎都与人们进行着优美的对话，言语间藏着幸福，藏着欢喜，或藏着悲伤和忧戚。它们都是人类最本真的情感。正如作者所说："《诗经》的起兴，连接着自然和人最质朴的内在，这种内心情感的表露含蓄、空茫、旷远，其中藏了千年、万年都说不尽的味道。"

作者是一个敏悟自然、善解物趣之人：从《诗经》中的荇菜，他理解了做事要有清澈之心；从《诗经》里的木桃，他看到直接的物欲之外心神的安宁和意趣的舒展；从《诗经》里的木槿，他看到现实里的一瞬间、记忆里久远的美丽以及日常期盼的永存幸福的祈祷；从《诗经》里的檀木，他看到时间累加的通灵效应；从《诗经》里的飞蓬，他看到命运的无常和不得把握的人生苍凉的况味……从《诗经》中的菟丝子，他看到吸附和寄生的艺术，认为相互吸附和寄生，是"真心相爱的两个人，无时无刻不思念，坦然开放身心，共同面对纷繁的世界"。而"让吸附和寄生带上自私化外衣的，是人对自然的陌生感"。谈及《诗经》中的野葡萄，他说："遍布山野的野葡萄是再普通不过的一种植物了。生命越普通，就越具有神秘特质，因为你越是容易看透的，也正是你难以深入的。"这其中一定容纳了很多的人生体会。是的，一切的外在，都是内在的反映，你所看到和感应到的，就是你的内在所拥有的。在花里，在草里，在树中，作者多次写及"清澈"与"欢喜"，想必其原本就有着一颗清澈欢喜的心，与自然万物之中的清澈和欢喜相互映照，辉映出人格的美感，那是人生甚为惬意的事。

而他写及柳树时说到的柳笛，让我想起小时候折下柳枝揉搓之后做的柳笛，已然记不清彼时的细节，但朦胧的意象还在，回忆带着欢喜，也带着忧伤；他谈到榆树，让我想起姥姥家院子里的榆树，彼时的榆树只是小院里一个默然的存在。榆树结了榆钱，姥姥有时将它做成吃的，而我们小孩子只知道在树下无忧无虑地玩耍……今天，榆树应该还在，院子里的老人却已经永远地离开了我们。一切都成为不可追回的时间的影子，因着《诗经》的机缘再度忆起，仍然有泪噙在眼里……

《诗经》与我们已有两千多年的时间跨度，这两千多年的时光中，究竟发生了什么？亘古之中不变的又是什么？那如荇菜一样单纯明媚的女子，那如荷莲一般自然圣洁的爱情，那如荆棘一样刻骨悲伤的感叹，穿过时间的云雾，依然活在我们的视线里，串起历史，与我们的心灵达成共鸣和共振。而我们的眼前已不尽是花木伸展了，物质和欲望堆砌起来的钢铁森林和迷障将我们与自然隔开。很多人就如此时的我坐在写字楼里，无奈地看着窗外浑浊的阳光和无边的雾霾。被工业和科技异化了的现代人，因自我阻断了与自然的联系而活得日益粗糙。他们已经听不见花草的声音，已经不能再勾起人与草木间的自然因应，因而也少了许多源自内心的喜悦和舒适感。在《诗经》里，在《诗经》的花草意境之中，让我们深切地缅怀吧。

这是一本以细腻的感应之心写就的书，有着独特的感受和不俗的见解。然而“一花一世界，一叶一菩提”，我同意丰子恺先生的说法：自然万物，均有其独立的意义。天地中的一草一木亦是如此。正如冉云飞在书的最后所说：“所有植物自有一种光华，人类无法执掌它的内心，只好用自己的心情去阐释，这是一种诡秘的一厢情愿。”我们一厢情愿地用文字、用语言、用情感赋予其意义，对它们自身的生命来说或许全是曲解和误会，因此，我们在独自述说的同时，也应明白，祛除成见、偏见，祛除优越感和自以为是，以平常心、平等心去看待生命，看待万物，世界会更加美丽。

（《美人如诗，草木如织》，深圳一石著，天津教育出版社，2007 年 7 月第 1 版第 1 次印刷）

2015 年 1 月 11 日 –12 日

青青子衿，悠悠我心

——读王秀梅译注《诗经》

“青青子衿，悠悠我心”，我的《诗经》到了——不知道为什么，忽然有种强烈的冲动想要读《诗经》，回溯到诗的源头，看看那是怎样的思想？那又是怎样的情怀？

关关雎鸠，在河之洲。
窈窕淑女，君子好逑。
参差荇菜，左右流之，
窈窕淑女，寤寐求之。
求之不得，寤寐思服，
优哉游哉，辗转反侧。
参差荇菜，左右采之，
窈窕淑女，琴瑟友之。
参差荇菜，左右芼之，
窈窕淑女，钟鼓乐之

开篇的《关雎》耳熟能详。大概爱情是最为亘古的情怀和情感，是最为激动人心的人生状态，描写爱情的诗篇在《诗经》中也占了很大的篇幅，和着千年的古风，那情感在一咏三叹中显得更加朴实，更加自然，更加单纯，由此也更加可爱。

投我以木瓜，报之以琼琚。
匪报也，永以为好也！
投我以木桃，报之以琼瑶。
匪报也，永以为好也！
投我以木李，报之以琼玖。
匪报也，永以为好也！

赠我一个木瓜，我用佩玉报答她，不是仅仅为报答，而是我要和她好到底……真挚，直白——爱本来不就该是这个样子吗？

野有死麕，白茅包之。
有女怀春，吉士诱之。
林有朴樕，野有死鹿。
白茅纯束，有女如玉。
“舒而脱脱兮！无感我帨兮！

无使尨也吠！”

这首《野有死麕》，写男女恋爱。看看译注：“青年男子是位猎手，他把刚刚打到的一只獐子用白茅草包裹送给一位春心荡漾的姑娘。姑娘接受了他的礼物，在亲昵幽会时，嘱咐猎人：‘请你慢慢别着忙，别碰围裙莫慌张，别引狗儿叫汪汪。’这气氛活泼自由，这感情大胆热烈。”再看《静女》，表现的则是恋爱中的顽皮：

静女其姝，俟我于城隅。
爱而不见，搔首踟蹰。
静女其娈，贻我彤管。
彤管有炜，说怿女美。
自牧归荑，洵美且异。
匪女之为美，美人之贻。

幽会时，“静女”故意躲起来，急得那多情男子“搔首踟蹰”，男女情趣跃然纸上。

《子衿》表达的却是女子久等恋人不至的焦急：

青青子衿，悠悠我心。
纵我不往，子宁不嗣音？
青青子佩，悠悠我思。

纵我不往，子宁不来？
挑兮达兮，在城阙兮。
一日不见，如三月兮。

《将仲子》则表达了女孩爱恋中的担心：

将仲子兮，无窬我里，无折我树杞。
岂敢爱之？畏我父母。
仲可怀也，父母之言，亦可畏也。
将仲子兮，无窬我墙，无折我树桑。
岂敢爱之？畏我诸兄。
仲可怀也，诸兄之言，亦可畏也。
将仲子兮，无窬我园，无折我树檀。
岂敢爱之？畏人之多言。
仲可怀也，人之多言，亦可畏也。

女孩劝他的情人不要翻墙折树，不是我不思念你，皆因人言可畏也。

桃之夭夭，灼灼其华。
之子于归，宜其室家。
桃之夭夭，有蕡其实。
之子于归，宜其家室。

桃之夭夭，其叶蓁蓁。
之子于归，宜其家人。

《桃夭》描述了新娘待嫁的快乐气氛，充满了美好憧憬。

女曰鸡鸣，士曰昧旦。
子兴视夜，明星有灿。
将翱将翔，弋凫与雁。
弋言加之，与子宜之。
宜言饮酒，与子偕老。
琴瑟在御，莫不静好。
知子之来之，杂佩以赠之；
知子之顺之，杂佩以问之；
知子之好之，杂佩以报之。

《女曰鸡鸣》全然是一幅夫唱妇随、你恩我爱的幸福图景。

除了爱情，还有亲情，还有人间诸多情感；上下千年，俱往矣，然而人性犹在，情感犹存，亘古不变。《诗经》简单，然而隽永。

（《诗经》，王秀梅译注，中华书局，2009 年 9 月第 1 版，2012 年 7 月第 19 次印刷）

2013 年 1 月 8 日

今日不作乐，当待何时？

——读余冠英选注《乐府诗选》

“出西门，步念之：今日不作乐，当待何时……”中秋小长假，一家三口从位于城西自己的家中出来一路向西，开始我们的京西之旅。在车上，我出声朗读《乐府诗选》，感觉无比地愉快和应景。假日读诗，诗意浪漫之中更有着一些美感。

亲爱的人相伴，无论去到哪里，都是一样的舒心和愉悦。手上有诗，心上有诗，那一刻的时光是迷人的，诗歌的韵律和假日的心情一起放飞。我暗自感到出门前带上这本诗集是对的，它和彼时的气氛如此相投和融洽。阅读是一种享受，其中有诗的美好，也有出行的欢喜和愉悦。

无论是《上邪》中的“上邪，我欲与君相知，长命无绝衰。山无陵，江水为竭，冬雷震震，夏雨雪，天地合，乃敢与君绝”，还是《东门行》中的“他家但愿富贵，贱妾与君共铺糜”，都写出了世间真情的美好，而《陌上桑》《孔雀东南飞》等更是流传千古的名篇，今日重温，依然感人。回首千年，时光飞逝，只有真情隽永。

乐府诗里，有“以何忘忧，弹筝酒歌”的超然，有“人生不满百，常怀千岁忧”的感叹，有“昼短苦夜长，何不秉烛游”的乐观和潇洒，也有“大妇织绮罗，中妇织流黄，小妇无所为，挟瑟上高堂”那般殷实之家的享乐；有“鱼戏莲叶东，鱼戏莲叶西，鱼戏莲叶南，鱼戏莲叶北”的江南情调，也有“敕勒川，阴山下，天似穹庐，笼盖四野”的北国风光。这一切，被世人看在眼里，记在心间，彼此传唱，吟咏感叹。时光拂去了尘埃，坚定地将人性中的美留下来，使得今日的我，于朗读中领略古人的曲调和情怀，体味古意之中某种未曾断绝的气息和活力。

那是一种愉悦的感觉，那是一种美的享受！

“今日不作乐，当待何时？”我们每一个人，都将是漫长时空中的一个旅人，不如珍惜此时，随心所欲。“今日相乐，皆当喜欢”！

（《乐府诗选》，余冠英选注，中华书局，2012年9月第1版第1次印刷）

2014年9月15日

妙造自然，伊谁与裁？
——读司空图《二十四诗品》

路过海淀图书城（不，图书城早已改为了创业街），不见了众多书店的街面上凄清而荒凉，一点亲切感都没了。好在街口的中国书店还在，于是购《二十四诗品》一本，算是不虚此行。

书籍，总会不断地带我们进入新境界，让我们看到不曾看到的景象，听到不曾听到的声音，《二十四诗品》就是如此让我开了眼界的一本书。我不知道，百花齐放的古代诗歌还能被作出如此精准的归类；我不知道，评点诗歌的文字还能如此富有独立的诗性美。唐末诗人司空图依风格特点将我国古代诗歌分为雄浑、冲淡、纤秾、沉着、高古、典雅、洗练、劲健、绮丽、自然、含蓄、豪放、精神、缜密、疏放、清奇、委曲、实境、悲慨、形容、超诣、飘逸、旷达、流动二十四种，并以四言诗的形式予以论述，“以诗笔写诗论”，其本身就可读、可品、可赏，极具艺术性。

在开篇《雄浑》中，司空图写道：

大用外腓，真体内充，
返虚入浑，积健为雄。

备具万物，横绝太空，
荒荒油云，寥寥长风。

超以象外，得其环中，
持之匪强，来之无穷。

对于冲淡的风格，他说：

素处以默，妙机其微，
饮之太和，独鹤与飞。

犹之惠风，荏苒在衣，
阅音修篁，美日载归。

遇之匪深，即之愈希，
脱有形似，握手已违。

司空图对于诗之二十四品，均有精彩评说，如纤秾之“采采风流，蓬蓬元春”，典雅之“落花无言，人淡如菊”，劲健之“气神如空，行气如虹”，自然之“俯拾即是，不取诸邻”“如逢花开，如瞻岁新”，含蓄之“不著一字，尽显风流”，豪放之“观花匪禁，吞吐大荒”，缜密之“水流花开，清露未晞”，疏放之“拾物自富，与率为期”，实境之“忽逢幽人，如见道心”“情性所至，妙不自寻。遇之自天，泠然希音”，形容之“俱似大道，妙契同尘”，飘逸之“识者已领，期之愈分”，旷达之“倒酒既尽，杖藜行歌”，流动之“超乎神明，返返冥无”……以诗歌评诗，随手拈来之间流露着作者之天赋、造诣，亦渗透着作者对于诗歌天然的热爱。

诗歌是天赋的艺术，没有敏锐的艺术感悟无法沾染诗歌。司空图评点诗歌的二十四首诗本身就极富灵性和艺术美感，其中如高古风格之“畸人乘真，手把芙蓉”，绮丽风格之“神存富贵，始轻黄金。浓尽必枯，淡者屡深”等，均不乏古哲古理；疏放风格之“若其天放，如是得之”，委曲风格之“道不自器，与之圆方”，则分别引自《庄子·马蹄》和《易·系辞上》，将哲学、诗歌和个人感悟融会贯通，读来是种艺术享受。

司空图受老庄思想影响，诗文超脱飘逸，玄密隐约，灵动不拘，给人耳目一新之感。而注者在前言中却说其诗风因受老庄影响而“表面狂放通达，实际上消极颓废”，还说：“由于司空图长期过着退隐田园的生活，他的着眼点更多地放在摹写自然景色上，而对更为重要、更加丰富多彩的社会生活有所忽略，这是一个很大的缺陷。”如此评说，我感觉是有些牵强和挑剔了。世事纷纭，每个人的心态、视角、脾气秉性均不相同，退隐田园的司空图只有写出符合他自己心情、境遇、经验的诗评之作，才是最诚实、最本真、最合理和最可取的，若不能设身处地地去体会、知悉，便无法鞭辟入里地解读、评说。假如真如注者所说，让其违背自己的心意，将笔调放在注者所看重的社会生活，或言不由衷，或别有企图，兴许那才是真的“缺陷”。而注者批判的老庄哲学影响下司空图的“妙造自然，伊谁与裁”“遇之自天，泠然希音”，却正是我所欣赏的……有时候就是这么阴差阳错。注者说，此两句过高强调了自然，忽视了艺术创作作为人的社会活动的一部分，那么，谁能说“妙造自然”“遇之自天”不是一种自然天成、鲜有人及的更高境界呢？谁又能说评注本身就无缺憾呢？真正的诗歌不是写出来的，而是于不经意间“流淌”而出的，司空图的二十四首诗本身，就有着“妙造自然”、天赋天成的成分，因此才得诗之精华、诗之精神。当然，人的秉性毕竟不同，彼此之间的隔阂是毕生不得跨越的。当他们全面批判老庄哲学的自然无为论之时我却感觉在“无为”的认识上，其有些过于人云亦云了。而当他们围绕诗歌的“浓”与“淡”批判苏东坡晚年的爱好“未免偏仄”时，我则禁不住在旁批注：“不要盲评。猜度总不可靠。”

不错的一本书，只是注者的前言占了 17 页，过度地诠释和点评，此为美中不足。

（《二十四诗品》，司空图著，罗仲鼎、蔡乃中、吴宗海注，浙江古籍出版社，2013 年 11 月第 1 版，2015 年 6 月第 4 次印刷）

2016 年 4 月 29 日

天育万物，皆有至妙

——读陆羽《茶经》

《茶经》作为世界第一部茶书和茶文化经典，过去在不同的地方看到其内容被喝茶事茶之人及文人雅士广为称道和引用，那份情境被他们演绎得非常完美，今日看到原著，不亦乐乎！

“茶者，南方之嘉木也。”自此开始，“一生为墨客，几世作茶仙”的陆羽在他的《茶经》里分十章讲述茶事，从茶的起源、栽种到采茶、制茶、煮茶、饮茶，从茶的分布、记载到茶的趣事逸闻，一一道来。其中典故不乏神话色彩，姑且听之，但茶的每一道工序却都是独到、考究的，值得玩味。《茶经》是喝茶、事茶之人的必读之书。

“其地，上者生烂石，中者生砾壤，下者生黄土”，对茶适宜生长的土壤进行了论述；“阴山坡谷者，不堪采掇，性凝滞，结瘕疾”和“其日有雨不采，晴有云不采”，对茶适宜采摘的天气时令进行了说明；“其水，用山水上，江水次，井水下”和“其山水，拣乳泉，石池慢流者上；其瀑涌湍漱，勿食之”，对茶的用水作了详解；而“茶之为用，味至寒，为饮，最宜精行俭德之人”则将茶的内涵特性、精神气质和饮茶之人的道德品行联系起来，更具深意，已被历代文人雅士发挥、演绎得淋漓尽致。《茶经》同时对煮时要几沸、饮时冲几碗等有详细论述，可谓深谙其道。

对于制茶饮茶的各个环节，陆羽还指出了诸多误区，认为茶有九难，分别是造、别、器、火、水、炙、末、煮和饮，即制造、识别、器具、用火、择水、烤炙、研末、烹煮和品饮。阴天采摘和夜间焙制，是制造不当；口嚼辨味，鼻闻辨香，是鉴别不当；沾染了膻腥气的锅碗，是器具不当；用有油烟和烤过肉的柴炭，是燃料不当；用急流奔涌或停滞不流的水，是用水不当；烤得外熟内生，是烤炙不当；把茶研磨成太细的青白色粉末，是研磨不当；操作不熟练或搅动太急，是烹煮不当；夏天喝而冬天不喝，是饮用不当。

《茶经》讲究，但不刻板，将茶道寓于千变万化之中而顺其自然，理性和中规中矩中又有贴近现实和人性的变通。关于造茶工具，“九之略”中有一段讲，如果正当春季清明前后寒食禁火之时，在野外寺庙或山间茶园，大家一齐动手采摘，当即就地蒸茶、舂捣、烘烤，那么棨、扑、焙、贯、棚、穿、育等七种制茶工具都可省略。另有一段说，若在松林之间，有石头可放置茶具，那么一些器具可以不用。若在泉旁溪边煮茶，水方、涤方等器具也可省略了。“但在城邑中，王公之门，二十四器阙一，则茶废矣”是说若在城市之中王公贵族之家，二十四器缺少一个，就不是真正的饮茶，茶道就废了。所谓因地制宜，饮茶应随机、随遇、随境、随缘而变，恰如其分。

后人将茶道与宗教，与自我的生命和人生感悟结合起来，使茶具有了更加深刻的内涵和更为悠远的况味。我认识的茶人恩位，不但姓茶，而且其族人世代在云南大理无量山上种茶、采茶、制茶，以茶为生，拥茶而舞；茶，早已成为其生命和血脉不可分割的一部分。每一刻的茶于他都是不同的，与茶同在的每一个片刻都神圣而欢喜。他给自己刚刚出生的女儿取名茶头，称自己为茶仆，无论是在京城他开的百夷茶坞和妻子罗兰一起招待友朋，还是携家带口回到大理家乡采制新茶，他一刻也没有离开过茶。带着无量山自家茶园1800年的远古气息和生生不息的现实能量，带着茶人虔诚的心迹和对恒远未来的憧憬，他的茶，因此而迷人。他是迄今最令我感动的一位茶人。

“天育万物，皆有至妙。”《茶经》在“七之事”一章中还记录了很多小偏方，如《孺子方》记载：“苦茶、葱须煮服，治小儿无故惊厥。”《枕中方》记载：“苦茶、蜈蚣并烤，煮甘草汤擦洗，以末敷涂，可疗多年瘘疾。”华佗《食论》记载：“苦茶久食，益意思。”长期饮茶，可增强思维能力。我还意外地看到一个增肥偏方，壶居士在《食忌》中说：“苦茶与韭菜同吃，可使体重增加。”真的吗？有意增肥如我者或可一试，呵呵。

在《茶经》的一章中，陆羽通过对各类文献的集纳，更多讲述了从炎帝神农氏、仙人丹丘子到帝王将相、平民百姓的茶人茶事，给这本茶书增添了许多人文色彩，因此也使它更加耐读。《神异记》记载，余姚人虞洪进山采茶，遇一道士，牵三头青牛。道士领他至瀑布山，说："我是丹丘子，听说你善于煮茶饮，常想请你送我些品尝。山中有大茶，可以供你采摘。希望你日后有喝不完的茶时，能送些给我喝。"虞洪于是以茶祭祀，后来果然采到大茶。《司隶教》记载，南市有四川老妇卖茶粥，器皿被廉事打破，改在市中卖饼。作者感慨："而禁茶粥以困蜀姥，何哉？"（禁卖茶粥为难四川老妇，这究竟是为什么呢？）左思《娇女诗》则展现了一幅鲜活可喜的生活画卷："吾家有娇女，皎皎颇白皙。小字为纨素，口齿自清历。有姊字惠芳，眉目粲如画。驰骛翔园林，果下皆生摘。贪华风雨中，倏忽数百适。心为茶荈剧，吹嘘对鼎砺。"心急欲饮茶、对着炉火吹气的淘气小女，刹那间将茶引入开门七件事的人间烟火之中，比起隐士高人的仙风道骨和文人雅士的故作高深，似乎更加亲切可喜。这和另一篇对"人生苟安乐，兹土聊可娱"的成都人吃茶的描写一样，都是对有茶相伴、安居乐业美好场景的描写。

而成都人吃茶饮茶、闲在乐活的传统更是延续至今。我高中的一位化学老师退休后因受聘于成都一所中学，几年之中爱上饮茶并深得其味。他结合人生三昧，写出了一本自然超脱、从容恬淡的品茶之书。他不但品出了蜀地香茗的清雅品格，更品出了格调高远的人生境界，他的这本书被学校指定为课外读物。

更多的制茶事茶和品茗高人，在《茶经》之后也写出了关于茶的著作，对于茶事进行了无尽的发挥。饮茶因此也被赋予了诸多精神和意义，从而成为一件雅事。日本人冈仓天心的《茶之书》，是我看过的茶书中比较好的一本，融入茶汤的那份人生意境如散文诗般清新优美，如一缕馨香萦绕于心中，久久无法散去。李曙韵的《茶味的初相》也写得超脱飘逸，不染凡尘，在事茶饮茶的一举一动中，时时邂逅自在初心和人生初相。今人喝茶之讲究貌似已超过《茶经》，但我同意李曙韵所说应回到茶的初相："初者，粗也。初相的美感近乎于原始艺术的美，在粗犷的线条中带些细腻的情绪，在野放的姿态中带点行者的况味。"

《茶经》原是一本薄薄的小书，不是鸿篇巨制，点到说透为止，中华书局的这个720毫米 ×900毫米的指掌书版本如果去掉大段的注释、译文和点评，可能顶多也就剩下三五十页了，但它却包罗万象，容纳了这么多内容，古人的惜墨如金在今天仍然值得称道。而撰写此书的陆羽，原是一个没有姓名的弃婴，被竟陵龙盖寺僧智积拾得并收养于寺中，然其志不在学佛，而是酷爱习文弄墨，并屡教不改，后不堪忍受智积和尚的严格管教而逃离寺庙，几经波折，后得机缘研究茶事而成名。《茶经》成其毕生最大的贡献。

我不喝茶，每读茶书如《茶经》者，却也总是津津有味。这正如我不喝酒，每闻书中酒事却也乐在其中一样。顺其自然，随缘自在，也是人生的一种快乐和茶味里的一份恬淡吧？

（《茶经》，陆羽著，中华书局，2015年1月第1版第1次印刷）

2015年4月25日

世代传唱，悠悠古歌

——读周良沛搜集、整理《古歌》

一两年前在北京国际图书博览会上曾遇见这本小书，要买但人家不卖，只作展示。劝说无效之下，只好作罢。此次网上购得，内心无限欢喜。

《古歌》，是几十年前周良沛先生于特殊时代背景下对民间传唱的歌谣加以整理，由《古老的傣歌》再版而来，并在傣歌基础上又加入了几首纳西古歌。其中的傣歌只有七首，虽涉及路遇、婚歌、战歌、盖屋等方面，但读来仍显单薄，周良沛先生也为诗歌数量不多、无法展现傣族人民生活全貌而感到遗憾，但有总是聊胜于无吧。而且这些民歌，很多都是口头传唱，在民间有很多流传的版本，不同的心情、不同的际遇、不同的传唱者都有可能唱出自己不同的歌词和曲调，加入自身新的创造。而这种“动的”传说，“动的”歌谣，“动的”文学，却仿佛人间的活化石，彰显着不可替代的人文魅力。然而随着时间的推移，今天的民歌，想必也正受着新的文明的冲击吧！在大山里，在田野边，还有老人怀着虔诚的心情为他的后代传唱这些古老的歌谣吗？后代之中，还有人蜷缩在他的膝下，安静地听他唱吗？

我们又在这里相遇，
姑娘，你家在什么地方？

我的家在不远不近的村庄，
哥哥，哪里又是你的家乡？

我家叫满当垫满哦，
是一个自由的村庄。
……

古歌之所以流传，是因为其中有着某些亘古不变的动人情愫，有着人性中常在的东西，而爱情，是绕不过的题中之义。《古歌》中有不少描写爱情的诗歌，其中有着类似《诗经》的情节——是的，永恒的东西都具有某种相似的气质，此时彼处，若隐若现，与我们温柔抑或沉郁的内心有着无言的感应。古歌中有幸运恋爱者的甜蜜欢快，也有不幸恋人间的聚散离合，但出自民间、不加雕饰的语言却呈现出一概的拙朴天然、真诚真挚；仿若自然的花草从大山里长出，于无意间开落，却弥漫着不绝的清香和韵味，扣人心弦。

男：你可记得有人在南山等你？
　　砍柴时我们相逢在山上？

　　哦，北庄的姑娘，
　　你像金色的菊花一样漂亮；
　　……
　　我是村里的歌手，
　　献给你的是不停的歌唱。

女：自从那天相逢山上，
　　以后，再也无法将你遗忘。

　　我天天上那山砍柴，
　　那山的柴已被我砍光。

　　人家问我为什么还上那山，
　　哎，谁又知道我在怎么想……

而《怨歌》中单恋的男子、纳西古歌《达勒·乌萨米》中执着的乌萨米，以及《悲游》中苦恋的男女，却将爱情推向悲剧的高度。《达勒·乌萨米》这首长歌讲述了三姊妹中的大姐、“白得像玉龙山上的雪一样”的乌萨米得到九十九个人的求爱，却唯独没有她的心上人。她的心上人在歌中唱道：

“你像用千根丝扯着我，
可是，我怎敢那么乱想……
我比你大了十岁，
这么大的人怎忍心爱个姑娘！”

——乌萨米是个执着的姑娘：

快别说你比我多了几岁，
我爱你的不是你的胡须是你的人。

快别说你比我多了几岁，
我爱你的不是你的胡须是你的心。

纯净的爱于刹那间产生，无须思索，无须忖度；一切真诚都带着感人的质地，撞击着人们的心怀。一波三折之后，恋人来到乌萨米的身边，然而公务令他不得脱身，刚刚到来却又要离去：

你今天就要过金沙江去远方，
此刻是我们要离别的时辰。

我俩该珍惜这千金的时刻，
别再谈那些恼人的事情！

缠绵悱恻之后，恋人走了。乌萨米怀着他的孩子留了下来，他们约定三年后团聚。乌萨米抵挡了万般的压力和九十九个男人的追求等待她的心上人，可是她的心上人却因故在三年零一天的时候到来，而那时的乌萨米、没有等来心上人的乌萨米于绝望中在父母的逼迫下出嫁……最后，得到神的帮助，圣洁的乌萨米没有被玷污，她在家乡的山峰上变成了永远屹立的石像和流传不尽的传说。

而《悲游》中的男女，万般无奈之下双双跳下了玉龙雪山。这就是游历丽江听说的玉龙雪山男女殉情的古老传说吗？

去吧，我们去寻那美丽的世界，
它在庄严的雪上。
……
去吧，我们去那个地方，
去到那个美丽的天堂。

我们永远相爱相亲，
在那一个地方……

《悲游》，不是靠文字记载的《东巴经》流传下来，而是口传心唱；而口传心唱，大概是最动人的文学形式、最鲜活的文化标本了吧。小的时候，姥姥也曾经给我讲过那么多的故事，如今都已记不全亦无法传承了。今天的都市，也已没有那样的氛围和传统，这难道不是一种损失吗？我想找到那有温度的一切，想回到那幸福温暖的时光。

除了爱情，在古歌之中还能看到劳动、生活、家庭伦理等方面的场景，有次子对窘境的抱怨，有女儿对不平等身份的哀叹，也有夫妻盖房、憧憬美好生活的喜悦……一首首古歌，构成了反映民族境况、境遇的活化石，还有比这更可观、更动人、更值得记录和保存的吗？《古歌》虽薄，我们依然应该感谢那些为美而歌的人和周良沛先生。

书于紫竹院的蔷薇花边读毕，不时飘来的花香，穿过枝叶洒落书上的斑驳的光影，以及小鸟欢快的歌唱，与这民谣，相合相契。

（《古歌》，周良沛搜集、整理，云南人民出版社，2010年10月第1版第1次印刷）

2016年5月14日

欢乐唯美，四季花开

——读《梅葛》

彝族一定是个欢乐唯美的民族吧？从其长篇史诗《梅葛》就能看出来，从开天辟地创世创物到婚事恋歌，一年四季，春夏秋冬，都风调雨顺，笑语欢歌，心花怒放，山也开花，树也开花，鸟也开花，兽也开花，星星开花，月亮开花，彝族开花，汉族开花，回族开花，擀毡的人也开花，读来心上不时浮起一层欢喜。

我只有一个彝族朋友，她从大凉山嫁至北京，而后随夫定居美国，他们的婚礼在北京举行，当时她从家乡大凉山请来几名彝族歌手助兴。豪放不羁的彝族小伙子带着山野的气息在都市的婚典上纵情高歌，将婚礼的气氛一次次推向高潮，给大家带来欢乐并留下深刻印象。身着民族服装的新娘更是清新鲜亮，令人耳目一新。今天想来，这气息与调子原本亦应与《梅葛》有着某种说不清的渊源吧？

头上没包的，
给她青色包头布。
身上没穿的，
给她新衣裳。
脚上没穿的，
给她新花鞋。
手上没戴的，
金银手箍给她戴。
…………

看《梅葛》，这就是一个要啥有啥，总是称心如意、心想事成的民族。他们仿佛要天有天，要地有地，要羊有羊，要牛有牛，要树有树，要草有草，没有复杂念想，没有烦恼忧愁，自然里来自然里去；而天地自然就是一个大宝库，万物皆备，万物皆在，万物皆有，万物和谐欢喜。没有天，天就被造了出来；没有地，地就给造了出来；没有人，人就给造了出来，百花鸟兽、山川河流都被造了出来。而人类，就从汪洋大海中的一个宝葫芦中来。

天神用金锥开葫芦，
天神用银锥开葫芦。
戳开第一道，
出来是汉族，

汉族是老大，
住在坝子里，
盘田种庄稼，
读书学写字，
聪明本事大。

戳开第二道，
出来是傣族，
傣族办法好，
种出白棉花。

戳开第三道，
出来是彝族，
彝族住山里，
开地种庄稼。

…………

出来九种族，
人烟兴旺了。

九个民族，各有所长并和睦相处。打猎织纺背盐巴，居高山平地寺庙河滩，均各得其所，陶然忘机，而故事就发生在大理，史诗中不断地出现大理的山、大理的铁、大理的盐、大理的锅。虽未提及苍山洱海，但大理就是他们生活的地方；虽未提及风花雪月，但史诗里的浪漫就是风花雪月的浪漫。

春风吹到河两岸，
河边柳树先发芽。
吹到白樱桃树上，
白樱桃树就发芽。
吹到松林里，
松树就发芽。
…………
没有不发芽的树，
没有不发芽的草。
世间万物都发芽，
发芽要开花。

八月十五到，
日月就开花。
十冬腊月到，
星星就开花。
六月七月到，
白云黑云朵朵开。
正二三月到，

风吹百花开。
天花开来落地上，
大山小山鲜花开，
河边坝子鲜花开，
四面八方鲜花开。

究竟要有多唯美才能创造出如此的意境？究竟要有多健康，才能浸润出这样的心态？真是健康的民族、健康的文学呀！还没完，来，接着听。

什么是兽王？
兔子是兽王。
兔子先开花，
吹到老虎老熊脊背上，
老虎老熊也开花。
吹到狐狸黄鼠狼头上，
狐狸黄鼠狼也开花。
…………
没有不开花的兽，
没有不开花的鸟。

在纯净的眼睛里，万物无别，万物唯美，凤凰开花老鹰开花骡子开花乌鸦开花。在开天创世世代繁衍的过程中，甚至绿头苍蝇和大花蚊子也作出了自己的一份贡献……而此时，我已经无法掩饰对它的热爱。奥修说，真正的纯洁和天真就是不知道什么是天使、什么是魔鬼，一部《梅葛》，简直寄托了人类最完美的理想！它用婴儿，不，是用神性的眼光看万物，从而看到了神的世界。即使最末一章的“丧葬”，亦将人性的忧伤之音融入了大自然的合唱。

美哉，《梅葛》!

我只想说，让这样的艺术再多一些吧。

（《梅葛》，楚雄彝族自治州文学艺术界联合会、楚雄彝族自治州民族事务委员会编，云南人民出版社，2015年5月第1版第1次印刷）

2016年5月28日

沥血的歌唱

——读张敬民《凡音之起》

“哥哥你走西口，小妹妹我实在难留”，如果没有亲历那段不堪回首的岁月，如果它不是出自一个亲历者之口，这句耳熟能详的歌词或许就只是一句歌词，就像我读这本书之前听到的那样。而读了此书我才知道，那“走西口”的民歌原来是河曲人沥血的歌唱，是万般无奈之下将生活的苦难融入到歌谣里的无可寄托的寄托，那是绚丽的舞台和优秀的歌唱家所无法唱出的。也许正因如此，这书，和这歌一样，处处打动着我。

作者张敬民先生从第一次以广播电台记者的身份走访河曲县，到每年都忍不住去看望那里的乡亲，30 年来再也无法了断与河曲的情缘。黄河岸边河曲县的淳朴村民和被他们称作“山曲儿”的民歌吸引着他，勾起他对那一方水土的深切关怀与迷恋。而那些民歌，几乎首首都与“走西口”有关，河曲的历史，仿佛就是“走西口”的历史。这在民歌里表现得最为淋漓尽致。为追溯和缅怀“走西口”的历史，体会民歌中的那一方人的情感与情怀，这30年间，他徒步重走历史古道，体会民歌，也体会苦难的河曲人在这条道路上的艰辛跋涉。带着虔诚与敬意写出来的文字，自然有着不一样的分量与内涵。

当他来时，河曲的老朋友扯开嗓子用即兴的山曲儿欢迎他；当他走时，河曲的老朋友又扯开了嗓子用即兴的山曲儿与他惜别。山曲儿，似乎就是那一方水土养育的人表情达意最自然的一种方式，是生活的一种常态。而在“走西口”的年代，每一首山曲儿却仿佛都是凄苦的，歌词中有着唱不尽的悲凉。那是无奈中的创造，是被苦难逼向极致的绝望情绪的迸发。

“西北风顶住上水船，破衣烂衫跑河滩。……吃饭的人走鬼路，什么人留下个跑河路？”

什么人留下个跑河路？这是几代人痛心疾首的追问。

“跑河路的哥哥挣不下钱，脚踏船沿命交天。……前山后山山套山，什么人逼得哥哥跑河滩？”

什么人逼得哥哥跑河滩？这又是多少个小妹妹的痛恨与怨恨？然而除了民歌，没有人能够回答他们的天问，一切的一切还是要通过民歌来诠释：“自古河曲保德州，十旱倒有九不收。女人无奈掏苦菜，男人被逼迫走口外。缺吃短穿难糊心，娃娃饿得成天吼。大大妈妈犯了愁，一家老小怎相守。一天一顿糠菜粥，浑身瘦得像只猴。拿起狠心走西口，泪蛋蛋不住往下流。”

西口一去，一年半载之内将音信全无，情哥哥是死是活也将不得而知。因此，送别“走西口”的哥哥，对于千不舍万不舍的小妹妹，成为最难过的一幕：“提起哥哥走西口，止不住小妹妹泪蛋蛋流。一把拉住哥哥的手，说下个日子你再走。一把拉住哥哥的手，该叫你在呀该叫你走。你要走来我不叫你走，揪住你胳膊拉住你手。”

情急之下，实在不舍的小妹妹索性唱道：“插住那大门放开那狗，说下所以然你再走。一把抓住亲亲的手，有钱没钱不叫你走。”

而那哥哥呢？“叫一声妹子你不要哭，哭得哥哥心难活。守住妹子倒也好，挣不下银钱过不了。”

这不是民歌，是严酷的现实和伸手可触的生活，是心上的一块大石头，承载着无法驱散的愁苦和压抑，没有亲身体验，再好的文采天赋也难赋此歌。生活的本身，生命的本身就是一首歌、一支曲、一部戏，于极致之时流淌出最自然的曲调，让我们的文章，我们所谓的创作，也纯些，再纯些吧，纯到生命的最深处、最内里。

然而，不想走的哥哥还是得走，送走了哥哥的小妹妹含泪爬上自家窑洞的屋顶，苦苦地望啊望，望到天边，望到遥远，望到无指无望：“你走西口我上房，手扳住烟囱泪汪汪。哥哥走了妹妹瞭，越瞭越走越远了。哥哥走了二里半，小妹妹还在房檐上站。”

那不见了人影的走西口的哥哥，也一路将自己交给了命运、交给了天。“头一天住古城，虽说路不远，跨了三个省。……”

他们要渡过黄河，经陕西省府谷县古城乡的“口子”、内蒙古鄂尔多斯的纳林，穿越库布齐沙漠进达拉特旗，再到达“走西口”人中转集散地包头。这是条先辈们一代代踩踏出来的古道，被十分形象地称作“紧七慢八”（即走得快的要七天，走得慢的要八天）。

我想起今日的库布齐，人们所做的，是越野冒险，寻求刺激……而彼时离家前途未卜、悲苦无告的“哥哥”们，却在这里自掘坟墓：“住沙滩睡冷地，头枕砖头。在荒盖掏根子，自打墓坑。”

往返黄河险滩，要闯过一道道鬼门关的他们，出门在外自是同病相怜，需要借助民歌彼此激励，相互鼓劲：“黄河水长流，船儿水上走。扳船咳撑船，每日水上游……”

于无力之处，这些穷苦的逃荒人求得了一点微弱的力量。这就是精神的力量吧？当现实太苦，他们需要汲取精神的能量，求得心灵的慰藉。这又令我想起在延安看到的歌舞剧《蓝花花》，那撕心裂肺的悲壮中亦透着这样的力量，只有在那样贫瘠的土地上才能产生这样的文学和艺术吧！

在鼓劲的同时，他们也唱闲曲儿：“哎！阳婆一落火烧山哟。吭嗨！哎！二郎担山赶太阳哟。吭嗨！”苦难的现实，似乎更需要对遥远未来的想象与对过往的回望，哪怕只是暂时的逃避与麻痹，而民歌，就承载了这想象。

直到今天，民歌依然是河曲人的最爱，亲历了走西口的那辈人，至今还保存着民歌里的深刻记忆，对民歌保有深厚的感情。对于他们来说，那是一段刻骨难忘的历史，是时代的集体记忆。被他们传唱的每一首民歌的内容，都是彼时他们的真实生活。每一首民歌都对应着一个、几个或家家户户的真实往事，都能引发他们无尽的回忆。张敬民遇到的每一个人都在向他讲述着这些往事，民歌与生活穿插闪现，难分彼此，你中有我、我中有你。往事不堪回首，但始终记忆犹新，甚至有一个古稀老人深藏了大半辈子对“哥哥”的怀念，终于承受不住，于一个偶然的契机里撕心裂肺地吼出了憋在心头的歌谣：“山在水在石头在，人家都在你不在。”

刚唱了两句，已是泣不成声了……这民歌，和她，和他们一起，承受了太多的凄苦，经历了太多的痛苦和无奈，体验了太多的辛酸与悲凉。音乐，艺术，怎么可能是做出来的呢？它们是自己长出来的，像山野中开出的花朵，尽管条件恶劣，却意味深长，深刻隽永。

那些岁月都一去不复返了，用老辈人的话说，今天的年轻人唱的山曲儿调子也变了，然而，古老的山曲儿中那沥血的情感依然感染着我们。在那苦难之中，我们看到，美好的东西依然亘古不变。

（《凡音之起》，张敬民著，北岳文艺出版社，2015年9月第1版第1次印刷）

2016年5月22日

我说禅诗，禅诗说我

——读邱华栋《碰到茶喝茶 遇到饭吃饭》

“碰到茶喝茶，遇到饭吃饭。”智慧，往往隐含在凡常之中；所谓大隐隐于市，如佛家的一句“吃茶去”，道出了世间的敞亮与通透。捧读邱华栋的这册禅诗《碰到茶喝茶 遇到饭吃饭》，使我对身为鲁迅文学院常务副院长的小说家邱华栋有了全然不同的认识。

我忍不住将这句被我画了线的诗拍下来，信手用微信传给了邱华栋并对他说：“这个很了不起。”当读到“满目是青山 / 满心也是青山 / 我就是青山”时，又忍不住给他发去并絮叨：“的确如此。重点是后一句。”“不取也不舍，不沉也不浮”“是的，不如不动”“吃粥了吗？ / 吃粥了 / 洗碗去！”……只可意会，不可言传。至简中有至深，空无中有万有，凡俗中有大彻悟。深刻、智慧，而所有的智慧与深刻又都寓于吃粥洗碗的庸常和俗务之中。而我，爱极了他的这些小诗，似乎每一句都能激发我的情绪，勾起我内心深切的欢喜与共鸣，使我自始至终沉浸于交流的愉悦和冲动之中，于那一个偶然的时刻，情不自禁地与诗歌和诗人展开跨越时空的交流与对话。

“三宝是：佛、法、僧 / 也是：禾、麦、豆”，人在淳而又淳、朴而又朴的境况下，在返璞归真、融入了平常和混沌之中时，才遭遇了无上三宝吧？“应该这样捕鱼：/ 把钓到的鱼装进竹笼 / 放入河中 / 说：要走的就走，要留的就留。”要走的就走，要留的就留，如其所是，如其所愿，顺其自然。有了这份通达与通透、从容与淡定，他的人生才了无牵挂、宽广无边吧？“只要今日好 / 只要今日了”“困了即睡 / 渴了，喝水”，有了这份了悟与顺遂，才有了难得的洒脱与从容吧？“混沌未分的时候什么样？ / 混沌 / 分开之后又怎么样呢？ / 混沌”，九九归一,万物一体，有了此等天真和无分别心，他的世界才通体透亮、与众不同吧？奥修说：“真正的纯洁是不知道什么是天使，什么是魔鬼”，唯于混沌圆融之中，方能回归原始初心，抵达光明澄澈吧？

“心就是禅 / 我就是佛”“满目是青山 / 满心是青山 / 我就是青山”“今年四十又八 / 圣凡都已斩杀”……邱华栋先生显然是在“禅诗说我”。好一个“我就是青山”“我就是佛”，好一个“圣凡都已斩杀”，自信自知，英武放达。然而我信——“沉默的光 / 发在生命的内部”——不见自性，无以成佛；我说禅诗，禅诗说我。“一条小鱼问大鱼：大海在哪里啊 / 大鱼说：海在你的身体里，也在你的身体外 / 你自己就是海啊”，我本自在，无须外求。

“远离人群的树 / 才能长得又高又直 / 成为栋材”，想必这是华栋先生切身的感悟。独木自成林，朗朗一华栋。没有“远离人群”的特立独行，也便没有华栋先生今日的硕果累累吧？而禅意之外，他的诗里还有哲理、老庄，大道自然。“见道忘山的人，身在人群也很寂寥 / 见山忘道的人，隐居荒野也很喧闹”“不求明了的心，才是真的明了”“佛也是尘 / 你能否一尘不染”，这些语句均耐人寻味。

而当读到“见山，是山；见山，不是山，又是山 / 又不是山；不是山，还是山 / 到底还是不是山？”时，我乐了，因为此时我已经被绕晕了，于是信手在旁批注：“就是山，也不是山了……边读边乐”，旁边不忘画了个笑脸。无论是山不是山，内心都充满了欢喜。

“东村做驴，西村做马 / 要骑就骑，要下就下。”相信华栋先生已经到了这番境界。

微信里，尽管邱华栋说他的这些诗歌受到佛家公案和典籍的启发，“都是他们的”，但我知道，如他在最后一页创作谈中所说，“对于一个创作者来说，要说的都在作品里”了。所以，当读完最后一句“重要的是，你的心能和这些禅诗会心，你就能和禅师和禅宗相遇”，我给他发了一条微信：“该读到的我都读到了，尽在不言中。”

“碰到茶喝茶 / 遇到饭吃饭”，吃茶去。

（《碰到茶喝茶 遇到饭吃饭》，邱华栋著，江苏文艺出版社，2019 年 2 月第 1 版第 1 次印刷）

2017 年 10 月 22 日

诗歌相伴，青春永恒

——读邱华栋主编、周瑟瑟选编《那些年我们读过的诗》

在中关村图书大厦的书架上看到这本诗集，刹那间勾起朦胧而又遥远的回忆，北岛、顾城、舒婷、席慕蓉、杨炼、江河、戴望舒、王小妮……这些耳熟能详的名字瞬间将我带回到那个诗歌的年代，与往昔无数个热血沸腾的日夜重新遭遇。

在大学的宿舍里，一度和同室好友怀着虔诚与兴奋的心情畅谈诗歌，倾情朗诵。刚刚出炉的诗句带着心跳，带着呼吸，带着稚嫩的拙朴与青春的光芒，照亮了许多个迷人的夜晚，陪伴我们度过不可多得的美好岁月。北大教授陈平原先生在《大学小言》一书中说，诗歌是大学的精灵与魂魄，“在大学阶段，与诗歌同行，是一种必要的青春体验，因痴迷诗歌而获得敏感的心灵、浪漫的气质、好奇心与想象力、探索语言的精妙、叩问人生的奥秘”。青春不枉诗情，有诗相伴的校园，清新而又明丽，澄澈而又烂漫。太多的诗歌往事，雕刻在浪漫而又美好的时光深处，每每忆及，都心潮澎湃，暖人心怀。

“卑鄙是卑鄙者的通行证，高尚是高尚者的墓志铭。”“黑夜给了我黑色的眼睛，我却用它寻找光明。”在懵懵懂懂、尚不解迷茫诗情的年龄，这些诗句就带着美好的印迹烙在了脑海里；自我，也随之卷入一片朦胧的诗潮之中，或欢喜或忧伤，或迷茫或静定。今天，当这些诗歌跨越了时空再度呈现于眼前时，心潮依然澎湃，内心依然温暖。我在倍感亲切的同时，重又被诗歌唤醒。

你
一会儿看我
一会儿看云

我觉得
你看我时很远
你看云时很近

难忘顾城的《远和近》，读到此诗，便也回到昔日小纸片上随手写下的《无题》：

你看远方的时候
我看着你的背影
你回眸看我的时候

慌乱中我看天上的云

回到懵懂中被羞涩的男孩——那个倜傥的校园诗人塞在手里的诗集。往事如烟，所有的细节都已忘记，诗意的年华却永远地闪耀在了记忆的深处。

别再说什么了
你的话语连同沉默
都让我的心
在一个绝望的夜晚
复活

我仍用愉快的眼睛看云
看鸽子
看你走出一片枫林
割裂季节
不久我会看见一个白发的老人
在冥冥的牵引中
归来

此时，彼地，昔日的心情已无从捕捉，然而这首《无题》的诗歌，却永久地定格在了 1990 年 2 月 15 日的这一天，留在了许许多多个有诗相伴的美好日夜。

惆怅迷茫，然而信念不灭：

心
徘徊在雨和泪的
十字街头
张望梦中踱来的
脚步声
和梦以外更远的天空
和云彩
极远的
也是极近的
踩在脚下
心
在困惑的十字街头
不肯
停止跳动
绝望在任何一秒钟里
都背叛成一份
希冀

迷茫的青春，也从不曾黯淡。

“撑着油纸伞，独自 / 彷徨在悠长，悠长 / 又寂寥的雨巷，/ 我希望逢着 / 一个丁香一样的 / 结着愁怨的姑娘……”难忘戴望舒的《雨巷》，捧读朦胧诗集的彼刻，窗前的丁香花开得正盛，花香弥漫，忧愁忧郁：

> 我伫立在丁香的啜泣声中
> 看你在夜的面前
> 变幻着季节
>
> 你的小雨
> 淋湿了我的衣裳

青春的迷惘，伴着“少年不识愁滋味”，带我陷入渺无边际的迷离幻想。而一切，都已远去。

在这本《那些年我们读过的诗》里，诗人戈麦还在时光中感受着生命，感受着博爱，感念着他狱中的友人和梦中的情人；徐志摩轻轻地走了，又轻轻地来；“面朝大海，春暖花开”的海子，则悄无声息地升腾到他永久的诗情和诗意里去了……

时光荏苒，不觉几十年过去，有一天，身边的人竟执意要为我唱一首歌：

> 当你老了
> 头发白了
> …………

当读到第172页，才知道这首歌原来源自叶芝的《当你老了》，被谱了曲子的歌词重又在头脑中回荡，“假意或真心”，粗糙的嗓音，原来也能传递出动人的情愫。被传唱的诗歌，因真情而带着不灭的光芒，从远古照向未来。

诗人吉狄马加在序言中说，“诗歌的生命比青铜更为长久”。而诗集的主编、出生于20世纪60年代末的邱华栋，据说其早在武汉大学读书时就因诗歌而名闻遐迩，成为许多人的偶像。那样的年代，到底有多少人如你我一样被诗歌点燃？而我，至今还保留着一本彼时即兴涂抹的朦胧诗集。诗歌相伴，青春永恒。保有诗心的人生，明亮而又清澈。

温暖的阳光从窗边洒进来，这是一个适合读诗的早上。

（《那些年我们读过的诗》，邱华栋主编，周瑟瑟编选，人民日报出版社，2016年9月第1版第1次印刷）

2017年10月26日、27日

你，将在诗中隽永

——读莎士比亚《莎士比亚十四行诗》

诗人都是多情的人，没有情感就没有诗，莎士比亚更是如此，他著名的十四行诗基本上都是爱情诗，献给让自己动了心的情人。那个情人的一举一动，都在他的诗中，他希望他爱慕的那个人在诗中永恒——是的，他对自己的诗歌充满了自信，潜意识里就感觉到它会流传并永存。他将情人的面孔镌刻进这些诗句里，抵挡时光，期望后人看到，感觉到，并记住，和他的诗歌一起到达辉煌的巅峰。

只要人类在呼吸，眼睛看得见，
我的诗就活着，使你的生命绵延。

这些诗果然像他预感的那样流传了下来，让千年后的现代人感受到诗人彼时的呼吸，看到爱情与人性的扑朔迷离和变幻莫测。那是今天仍在的气息，是人性中不曾改变的东西。而这，正是其诗歌历久不衰，呈现出勃勃生命力的原因。隽永的作品都深刻地触摸着人性，接通着人类灵魂深处的真与美。虽然那个将诗人迷得神魂颠倒的女子最终还是离诗人而去了，但诗人所记述的真挚感情还在，随着时光、随着诗流淌到今天，在现代人的内心激起共鸣与震荡。因此它是活着的，还将流传下去，带着生命的能量穿越时间。

除了爱情，在诗中，诗人还常感叹时光的流逝、生命的短暂和万物的易朽，而这，也是亘古未变的自然法则。他重视生命的寄托，多次写到生儿育女，让儿女延续自我的生命与骄傲。

想你也必定要走进时间的荒夜，
芬芳与娇妍总是要放弃自己，
见别人快长，自己却快快凋谢；

诗人在诗中生活，他将生活移入诗，作不朽的纪念，在诗中思考问题、抒发情感，随诗歌漂流，或喜或忧。诗歌几乎成为了他的全部，成为他生命中最被看重的一部分。

外研社的这个版本是英汉对照本，古英语的原文读起来有些难理解，但却给书籍增添了形式上的美感和意蕴。

（《莎士比亚十四行诗》，莎士比亚著，屠岸译，外语教学与研究出版社，2012年3月第1版，2015年10月第12次印刷）

2016年7月12日

永恒中，闪耀着天才无尽的诗意

——读阿尔蒂尔·兰波《兰波作品全集》

第一次读兰波。读兰波是缘于在一本书中读到他是一个天才，而最近我对天才的作品尤其感兴趣，因为直觉让我感到庸常的艺术家与天才之间有着一道难以跨越的鸿沟，在艺术的至高点上有着一步之遥却永远无法跨越的距离。对于艺术而言，天赋无疑是最重要的，这“一步之遥”也是最关键的。

所有天才的作品都是自然天成的，是与生俱来的血液推动着他去有所成就。那是他生命自然而平常的一部分，他不得不顺应，不得不寻找，不得不释放，不得不以“破格”的姿态去完成他的创造。梵·高如此，高更如此，罗丹如此，杜尚如此，萨特如此，刘海粟如此。它不可模仿，不可预期，不可被装在一个既有而固定的框架里，他只能成为他自己。如兰波被译者称为一个“通灵者”，他在他的文字里处处突破标点，突破气息，突破可以想到的一切思想和情绪，固执地成为他自己。“未知的创造呼唤着新的形式”，他又只能成为他自己。换一种情感便不是兰波，换一种表达便不是兰波，正如人们无法两次踏入同一条河流，人们无法重复和捕捉他的思想，那些灵魂闪烁的句子始终如神启般地兀自流淌。

庸常的从艺者也许会嫉妒或诋毁天赋，那是因为他们因庸常而与“天赋”永远相隔。天才也许不会对“天赋”做过多的思索，因为那是他太过平常的本来和本有，生活的点滴都可能是天才不俗的创造和显现。他只能如此说，他只能如此做。他不自知又深切自知，他知道：“早晚有一天，我将凭借本能的节奏，发明一种足以贯通一切感受的诗歌文字。我保留翻译权。”作为诗人的兰波将诗人比喻为真正的盗火者：“他担负着人类，甚至动物的使命；他应当让人能够感受、触摸并听见他的创造。如果他天生有一种形式，就赋予他形式；如果他本无定型，就任其自流。诗人在同时代的普遍精神中觉醒，界定许多未知；他所贡献的超出了他的思维模式，也超越了有关他前进历程的一切注释。如果异乎寻常变成了人人都认可的正常，那是真正巨大的进步。”也许只有天才才能觉察并看到这一点，才能从中发现深含的秘密和契机，因为他远远地走在前面，站在高处，他的每一句话都显示着天才的征兆。他以极致的纯粹和心力显示着他的伟大和不可追赶。

作为诗人的兰波对诗人作如此的描述：“我认为诗人应该

是一个通灵者。使自己成为一个通灵者，必须经历各种感觉长期的、广泛的、有意识的错轨，各种形式的情爱、痛苦和疯狂，这样诗人才能成为一个通灵者。他寻找自我，并为保存自己的精华而饮尽毒药。在难以形容的折磨中，他需要坚定的信仰与超人的力量；他与众不同，将成为伟大的病夫、伟大的罪犯、伟大的诅咒者——至高无上的智者！——因为他达到了未知！他培育了比别人更加丰富的灵魂！他达到未知；当他陷入迷狂，终于失去视觉时，却看见了视觉本身！”天才，就是在“未知”和“视觉消失”的地方看到丰富的示现，开辟出奇异的天地，在混沌和原初之地呈现出大不同。

天才的头脑都是发烧的头脑，先天“错位”的大脑组合使他看到的景象与众不同。阿道司·赫胥黎曾在《众妙之门》一书中通过实验讲述“天才”的幻象，认为不同状态的天才个体看到不同的幻象，有时是无限的内在神圣性，有时则是无限的内在恐怖。在兰波作品的“地狱一季”这一辑里，他看到的很可能是后者，幽暗而低迷，神秘而诡异，但依然充满了灵性。“我自认为身在地狱，因此我入了地狱。”但即使是在“地狱”之中，他依然能够“清醒地认识我辽阔的纯真”。坚定不移，我所说的，来自天意”。他冲破上帝的禁锢，“在认知的天梯顶端重新找到了自己的位置”，他意识到“我的生活还不够沉重，它远在行动之上飞流缥缈，在这世界亲切的顶端”。“我要揭开一切神秘的面纱：宗教与自然的神秘，生死、未来、过去、宇宙的起源、混沌、虚空。我是幻影的主宰。”

在《永恒》一诗中，他仿佛知道自己的未来和使命：

终于找到了！
什么？永恒。
那是沧海，
融入太阳。
…………

正如许多的天才实际是一个个的受难者，现实的兰波与困顿中的梵·高有几分相像，他与朋友、家人的通信使我想到梵·高与弟弟提奥的通信。1870年，诗人去巴黎，从此离开家乡。在当年9月5日致乔治·伊桑巴尔的信中，诗人写道：“刚一下火车就被抓住，因为没有一分钱，还欠了13法郎的火车票钱，我被带到了警察局。今天，我在马萨等待判决！——噢，我把希望寄托在您身上……请求您，为我担保，替我还债！……给我可怜的母亲写信，安慰她！”信发出之前，诗人于信末补记道：“如果您能使我获释，请把我带到杜埃。”

与梵·高在信中屡屡向弟弟要钱以维持最低限度的生活不同的是，兰波在信中每每述说自己在奔波劳碌中的狼狈与朝不保夕。不愿被世俗、真理乃至信仰戒律束缚的他，在沙漠中，在荒僻处，在人类难以生存的艰难之地寻找着自己的生存场所。1879 年 2 月 15 日他在写给家里的信中说："我是在海边沙漠中的一个采石场上当监工……这里只有一片岩石区、河流与海洋，没有一座房屋。没有土地，没有花园，没有一棵树。"在 1880 年 8 月 25 日的信中，他说："亚丁是一块可怕的岩石，没有一株草，没有一滴淡水：人们喝的都是用海水蒸馏的水。气候极其炎热，尤其是 6 月和 9 月，酷暑难耐。在一间通风良好、空气极为清爽的屋里，昼夜的温度都持续在 35℃。一切都很贵，就是这样。可我必须留在这里：我像一个囚徒，至少得在这里熬上 3 个月才能勉强维持生活或找到一份更好的工作。"

生活艰难，有时他还会失业，失去生活来源的他会感到生活物资的异常昂贵和百无聊赖。"我无法给你们一个回信的地址，因为我并不知道自己日后会漂到哪里，走什么路，身在何处，为什么，会怎样，全都一无所知！""我的生活在此是一场真实的噩梦。""这些日子，腰部的风湿病把我折磨得死去活来；我的左腿也时不时出现麻痹症状，左膝关节疼痛难忍，右肩又出现风湿症状（已是老毛病）；头发全部灰白。我想，我的生命已开始衰败……我已筋疲力尽。我现在没有工作，生怕失去我仅有的积蓄。""我只有在疲惫与贫困的流浪生活中了此残生，而唯一的前景就是在痛苦中死去。"

1888 年 8 月 4 日，他自非洲给家里寄了一封信，信中写道："我总是苦不堪言，我还没见过一个像我这样悲惨的人。这样的生命难道不悲惨吗？——无家可归，干着粗活儿……"

凄清孤独之中，当他唯一至爱的朋友魏尔伦因一时分歧离开了他，无助无望的他曾经拿出他最大的真诚沥血呼唤："回来，回来，亲爱的朋友，我唯一的朋友，快回来吧……两天来我哭个不停。回来。勇敢些，亲爱的朋友。什么都没失去。你只需重新踏上归途……啊，我恳求你，何况你还有东西在这里。回来，你所有的一切都还在……你想怎么样？要是你不愿再回这里，我可以去你那儿找你吗？对，是我错了。噢，你没忘记我？说呀！不，你不能忘记我。"他在信末署上了名字，又补记道："快回答我：我最多只能坚持到星期一晚上。一个便士也没了，我甚至无法寄出这封信……噢，回来呀，我又一直在哭。让我来找你吧，我这就出发。"彼时的他——在写作这本文集的彼时，只是一个十七八岁的少年。等这些文字跨越了时空，幽幽地飘至我们面前，我们依然无法不为之心碎。

而就是如此飘摇不定、颠沛流离的他，在诗歌里以灵性的敏思与敏察悲悯和体恤的，却是芸芸众生。

在《孤儿的新年礼物》中，他关注到两个孤苦无依、伤心失望的孩子在苦涩的泪水中呼唤着妈妈；在《惊呆的孩子》中，他看到五个可怜的孩子跪在地上、撅着屁股，于饥饿中"眼巴巴地望着面包师"；他看到战争中的《罪恶》《凯撒的疯狂》和胸怀弹孔的《山谷睡人》，他看到困顿中的《教堂穷人》"仿佛要从烛光里闻出面包的香味"：

仿佛要从烛光里闻出面包的香味，
那种幸福，屈辱得像是被棒打的狗，
穷人向着仁慈的上帝、老板和老爷
发出可笑而固执的祈求。

在《铁匠》中，他看到劳作的艰辛和生存的不易，以及一粒反抗、正义的种子在少年的心里：

当我们耕耘了一片土地，
当我们将半截身体埋进黄土……
我们这才能得到一点小费，
回来在深夜的茅屋里生一堆火，
让我们的孩子烤出一块热面包。
…………

在诗歌中，他以无尽的悲悯表达了对周遭的同情，但看了他的书信、他的生活，我宁愿看到他在诗歌中缓解生命的压力，得片刻的幸福与安详。

借助于灵性与神思，他在诗歌里的确有他对于生命的思考与追问，对于光明的追随与追寻，对于原初之美的倾慕与探寻。有古老的渴望，有熟悉的温暖，有敞开的幻想，愿他那一刻的《感觉》长驻于心：

什么也不说，什么也不想：
无尽的爱却涌入我的灵魂，
我将远去，到很远的地方，就像波西米亚人，
顺从自然——快乐得如同身边有位女郎。

愿他在“一切都在长生，一切都在向上”的《太阳与肉身》里找到内心的和谐：在那里，他站在原野上倾听活生生的自然发出回音；那里沉寂的森林轻摇着歌唱的小鸟，大地轻摇着人类，整个蓝色的沧海和一切飞禽走兽，都在上帝的光辉里恋爱！

然而最后，诗人却如同一道闪电、一抹流星，在现实的摧残和困境的折磨下英年早逝，于无尽的黑暗与虚空中留下了长久光辉的一瞥。在封底，王以培先生“致兰波”：“兰波兰波，当孤独的反抗再度落在世人肩头；回头望，依然是你，那一叶苦海孤舟；远远漂来，如流星横空出世，突破沧海苍穹，一边毁灭，一边照亮夜空……”

诗人去了，诗人又可能如译者所说驾着一叶孤舟随时归来。此时被我捧在手里的诗歌，不是正于沉静的心底，给出了无尽诗意的呈现吗？纯净而又纯粹，那是19岁生命的质地吗？在即将离去的一刻，诗人说：“我对世界的反叛只是一段短暂的酷刑。最后的时刻，我依然四面出击……那么，——噢！——亲爱可怜的灵魂，我们不会丧失永恒！”

永恒中，闪耀着天才无尽的诗意。

（《兰波作品全集》，阿尔蒂尔·兰波著，王以培译，作家出版社，2011 年 11 月第 1 版，2017 年 8 月第 6 次）

2018 年 1 月 21 日

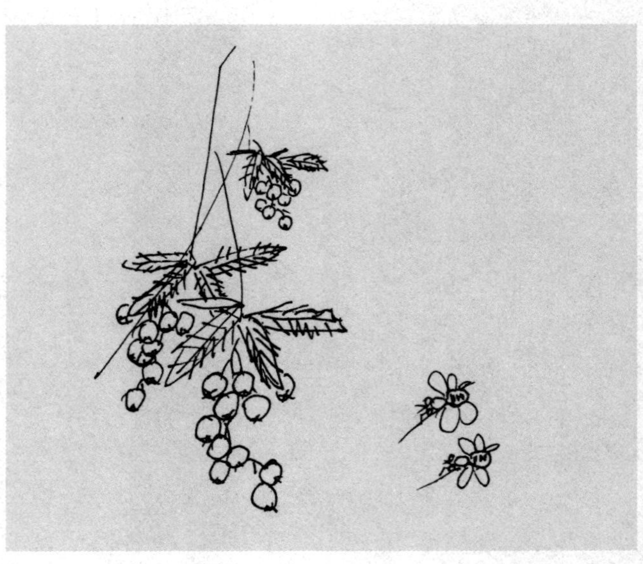

第二辑

藉着精神的灯火

好的作品，不是『作品』，
总能让人看见光。

由其文而愈见其人

——读陈建功《默默且当歌》

《散文》杂志主编汪惠仁不久前来鲁迅文学院参加对话活动时说，从被动情感升华到主动情感，回归原始初心，是一个怀有伤痛的写作者更加令人赞佩的选择。这让我想起陈建功先生在京西大山沟里打了十年矿洞，经历了生死考验之后，仍对这个世界怀有着深爱，仍以温暖的笔触书写着人间美善和悲悯情怀。在他最近出版的散文集《默默且当歌》中，我再一次读到了这种爱和情怀。

然而当书读完，想要写点心得之时却又久久不能下笔，因为时至今日，生活中的陈建功与书本中的陈建功已经同时占满了记忆。虽然与建功老师认识只有几年，但这几年当中他给予我的鼓励和教诲、影响与鞭策却是深刻而久远的。生活中的陈建功，是那个真挚温暖、质朴体恤、没有一点架子、令人感动的陈建功；书本中的陈建功，是那个写着杠夫瘸三儿，写着“耍骨头”的、吃“瞪眼儿食”的、挑“剃头挑子”的，写着“丑孙子”和“赛活驴”们的陈建功。生活中的他和书本中的他高度吻合，以至于在我的印象中常常会有两两混淆、彼此不分的感觉。而上等的、与生命合一的写作，不正是应该如此吗？赤诚的情感与知行合一，难道不正是散文写作先天的灵魂与基石吗？记得也是在鲁迅文学院的课堂上，一位老师曾经不经意地说过：“当今要做到文如其人是不容易的。”但“文如其人”却可以如此贴切地用到建功老师身上，他以本色的面目、文风和姿态为我以及如我一样的后来的写作者树立了一个标杆。他身体力行地让我看到了，他的写作，是真正地“从土里长出来的”写作。正因如此，他的笔下才有了上面说的那些貌似和他没有多少关联，却又始终关联着他、使他放心不下的芸芸众生。

和建功老师的每次见面都令我印象深刻。知道我“人在江湖”、上班打卡，而且住在城西、不会开车，每一次，他不是“我正好路过紫竹院”，就是“我正好要去万寿路”，要么“我正好去那儿办事，很顺道儿”。一位长我二十余岁的长者，一位德高望重的作家，为了与我——一个无名小辈方便，竟然有了那么多的“正好”！我不是一个无动于衷的人，这曾经令我暗自感动与不安，但这就是建功老师的本色，是一位怀有着大爱的小说家和写作者深入、细腻的体恤与悲悯，这情怀与情感深深地感染着我。

知道我在鲁迅文学院读书，时间相对宽裕，不久前建功老师在电话里向我推荐蓬蒿剧场，说有时间可以到那里去看看，并且告诉我，剧场的创办人王翔是个有情怀的人，“他推荐我看过一个经典话剧《哥本哈根》，他陪我看时，他已经跟着看了32次，随后我又看了两次。或者说，要了解话剧的动向，只能找他哈”。当我怀着好奇几经周折，在南锣鼓巷一个逼仄小胡同的一片灰蒙蒙的四合院里找到这个仅有86个座位的小剧场时，我真的是惊呆了。在我习惯了于首都剧场看“高大上”的人艺话剧，习惯了在国家大剧院看“高规格的”巨制演出之时，大作家陈建功先生，却在京城一个不起眼的小胡同里，关注着一个民间剧场的兴衰，对一个挣扎着的小剧场创办者津津乐道、推崇有加。九年来，这个酷爱戏剧、本为牙医的剧场创办者王翔，在他将自己经营诊所挣来的一千万元全部投入到这个寄托理想的地方，至今负债2600万元、心脏做了七个支架之后，还在拼命地为保住剧场进行着奋斗，打出“戏剧是自由的”口号，还在强调着态度，注重着文学，崇尚着艺术，抵制着世俗，传递着温暖、高尚、善良和爱。这些，大概也是与建功先生息息相通的吧？此时我的脑海中又出现建功先生常常提起的曹子建的名言：“街谈巷说，必有可采；击辕而歌，有应风雅；匹夫之思，未易轻弃也。”这段名言，也恰与建功先生的情怀有着深切的因应吧。

看完话剧的当晚，我在日记中写下心得：

相比于首都剧场和国家大剧院的华丽舞台，这里确实显得简单和简陋，而这简单和简陋之中，又与平民百姓无限亲和与亲近；相比于首都剧场和国家大剧院的经典剧目，这里的戏剧更为驳杂和多元，没有那么精巧和精致，但多元与驳杂之中，似乎又更鲜活、更自由、更包容，更有特色与个性，更富活力和生长性。作为一个民间公益剧场，它用严肃、纯粹、坚持的态度做戏剧，同时又像是一块实验田，将传统与现代、国际与国内、艺术理想与受众需求敏锐结合，给成长中的艺术家和渴求中的观众提供一个创作与观赏的舞台。

“仰天大笑出门去，我辈岂是蓬蒿人”（李白《南陵别儿童入京》），似乎是有意与李太白蒙圣征招的得意唱“反调”，“蓬蒿剧场”凸显甘于蓬蒿的傲骨。由此，北京四合院鳞次栉比的屋顶自然就成为傲岸的栖息之地。记得早年读过建功先生的一篇散文，同样有意做“反面文章”——“我辈本是蓬蒿人”，他与眼下这个取名蓬蒿的剧场，想必亦是有着某种心灵的相通吧？由此我想起，关于所谓“高雅文化”和“大众文化”的分野与交融，很久以来就是文艺理论界重要的话题。记得建功老师早就和我提起过，比起鲁迅，张恨水亦不可或缺，他也提到过范伯群教授专著中对大众文学地位的充分肯定。由此我顿悟：不管是蓬蒿剧场的王翔，还是建功老师，他们面对熙熙而来的“高雅”，有着清醒的面对。他传递给我们的，是对俚词俗谚和“下里巴人”的敬畏，这敬畏固非首创，却也显示出一个作家的情怀、境界和艺术敏感。

这一切对我，都是无言的激励。他关心杠夫瘸三儿，关心“耍骨头”的、吃“瞪眼儿食”的、挑“剃头挑子”的，关心“丑孙子”和“赛活驴”们，也关心胡同里人们的文化境遇和文化生态。他的写作，真正扎根于市井民间的丰沃土壤。很久以前，韩少功在一篇题为《文学的根》的文章中以陈建功为例，说他“常常让笔触越过这表层文化，深入到胡同、里弄、四合院里”，说“这是凝集历史和现实、是扩展文化纵深感的手段之一”。两“功”异曲同工的看法是，乡土中所凝结的传统文化，大部分鲜见于经典，不入正宗，却更多地显示出生命的自然的本体的面貌。这或应是文学最为富有蕴含的根系所在。

在《双城飞去来》一文中，建功先生频繁地往返于北京和他的家乡北海。他说张次溪的一本《人民首都的天桥》曾经给予他发蒙启蔽的震撼，使他感受到“寻根文学”的魅力，引领他读到“平民北京”的生活哲学和“沉潜于平民文化而焕发的心灵之光”。循着这光，他要找出属于他的激情来。而30年后，当“大狗熊”孙宝才、“爆肚冯”第三代传人冯广聚等他采访过的这些鲜活的“小人物”先后离去，那些有滋有味的地方和有滋有味的人一夜间没了踪影，他失落了：“我为自己的失落而胆怯，这是落伍于时代的信号。最终我发现，只有回到北海，才能找到那种暌违已久的滋味……我欢喜的是，北海虽变，仍有许多足以唤醒内心波澜的东西留在那里。”读到这里，我恍然大悟，平时给陈老师打电话，他常常告知人在北海，或者即将去北海，原来陈老师——年近古稀的作家，也还在不断地唤醒内心的东西，追寻内在的冲动，也还在背负着难以割舍的“平民情结”和文化责任。我除了感动，还是感动。

在这本书里，他写父亲母亲，情感写到了至深处，心头都禁不住发酸。他与父亲既充满了爱又留有着伤痛、既深深理解又不无隔膜的感情让人心疼。而当看到建功先生捧着母亲的骨灰四处寻找，最终在他曾经挖过煤的大山上为妈妈找到了安息之地时，我的眼泪禁不住流了下来……而最终，他从母亲那里获取了力量，在《妈妈在山冈上》一文中他自语道：“你的妈妈最关心的，是她的儿女是否能选择到一种有意义的活法儿。这活法儿使他们即便身处卑微，也不会失去自立于同类的尊严感，不会失去享受充实人生的自信。”“好好活着。充实，自信，宠辱不惊。像妈妈期望的那样。”这份信念，一直跟随着他和他的文字，给他的人生和文章注入了乐观、豁达的质地和坚韧、骄傲的品格。

怀着同样的真诚，他在书中还缅怀了吴组缃、艾芜、冯牧、沈从文、浩然、汪曾祺、史铁生等文友、前辈和同道，时而感慨，时而惋惜，时而悲痛，而那情怀，那情感，那对生活和世事的清明洞悉和认知，却始终渗透其中。在怀念冯牧的文章中，他写道：“不是每一个和文学沾边的人都能由衷地爱文学、爱作家的。就连我自己，面对不同的流派、不同的风格、批评的意见和口碑不佳的同行，有时也难免心灵的阴影与人性的弱点，难以遏制挑剔和不屑。一个由衷地爱文学、爱作家的人，譬如冯牧，当他面对那一切的时候，更多的却是欣赏、喜悦和宽容。”在谈及史铁生对于“世界上一个很重要的文学奖项”的态度时，他赞赏史铁生的不以物喜不以己悲、宠辱偕忘的人生境界，难忘史铁生先生的话：“把作品的价值交由几个老头子来评价吗？抱着这样的期待，怎么还可能听取自己心灵的真实呼唤？怎么还可能追求到真正的文学？”在回忆与于是之啜酒的日子时，他说：“对于真正的艺术大师而言，伟大的艺术和素朴的人格，从来就是如此水乳交融。”这又何尝不是他自己的写照呢！这一切，感召着他，也感召着我。

回想 24 岁时一边在《北京文学》发表歌颂“工农兵上大学”这个“新生事物”，一边因有“反革命言论”被取消上大学的资格的过往，陈建功在书中写道：“那时的我，是一个被时代所挤压，却拿起笔，歌颂挤压我的那个时代的‘我’；是一个对存在充满着怀疑，却不断地寻找着理论，论证那个存在合理的‘我’；是一个被生活的浪潮击打得晕头转向，不能不抓住每一根‘救命稻草’的‘我’。”正是这样的灵魂拷问，造就了他“悲喜剧”的人生态度和“以喜剧的态度来书写人生悲剧”的文学姿态。而这个视角的产生，应是时代与命运碰撞的结果吧？

逝者如斯，从《默默且当歌》中，不难看到作家不能舍弃的过往，那也是我们这个民族不该忘怀的伤痛。但作家又是直面当下，直面未来的。本书的第四辑又呈现了作家性格的另一面。作家步履匆匆，或寄情于山水，或遍寻人文，或以文会友，或抚今追昔，尽情地抒发自己的情怀与感悟，将自我的命运、人生放到壮阔的大自然之中，状物的性格与自我的脾性相互辉映，字里行间彰显着境界的阔大；而阔大之中，有人生的洒脱，亦有人生的厚重。

“默默且当歌”，建功先生就是这样宠辱不惊又不乏激情地生活着，书写着。他怀着深挚的悲悯与大爱，怀着对生活深挚的热爱与眷恋，将生命注入了文字，将文字融入了生命。我不得不说，他是我发自内心由衷敬佩和感谢的作家和前辈。在文学方面，他是个性彰显的榜样；在做人方面，他是我毕生的典范。

（《默默且当歌》，陈建功著，华文出版社，2017 年 5 月第 1 版第 1 次印刷）

2017 年 12 月 10 日、11 日

于荒凉的世上温暖地活着

——读赵园《散文季节》

“荒凉”，是无意中在赵园的文字里出现较多的一个词汇，而从作者简介下她笑容可掬的照片，完全揣测不出其心底的这丝凉意——一个经过“文革”洗礼的知识分子，内心早已积满了许多看不见的伤痕吧？许许多多的知识分子都如此——时代是无法逃避的，那是他们的共同命运。

不同于我读的她的上一本书《北京：城与人》不掺杂丝毫的个人情绪，以纯学术的视角和眼光写北京，这本《散文季节》完全是个人化的讲述，无论是回首往事，寄身行旅，回忆身边人事，还是探讨暮年感受，都承载着隐隐沉重的气息。尤其是“往事”一辑，目睹或经历了那么多的人事变故，看到、听到身边那么多的族人死于非命，生命如草芥般轻微和不被自己左右，她的失望和恐惧是不言而喻的。而她受出身不好的母亲牵连，作为“黑五类子女”，在彼时的岁月里也曾被迫像母亲以及许许多多人那样，到偏远的农村接受劳动改造。那段日子磨砺了她，也给她的心灵留下不可弥合的永久的创伤。那创伤里，带着知识分子永远不解的疑问和发自心底的无奈。一切均不是她所能改变的。当一个人被推入强大的历史漩涡之中，他根本无力去扭转现实，只能被现实扭转，随着历史的洪流被翻上翻下，尊严、真理、人性可能都已荡然无存。

就说身边的例子，我的公婆于那个年月就曾因出身不好双双从北京被下放到西藏，在藏地水土不服的恶劣环境中度过了艰苦的 15 个春秋。我先生的爷爷当初从清华大学被下放到江西一个五七干校，我先生在那里出生，至今户口本上“出生地”一栏都只有“江西”而无具体地址。有一年出国旅游办理签证时，被对方问及具体出生地，无论如何他也是说不清楚的。而等 15 年后父母返回京城，分别被寄养在爷爷奶奶和姥姥爷家、已读中学的两个儿子几乎都不认识父母了。不可思议的过往，无疑也给他们的内心带来不可磨灭的打击和失望。他们对人，对事，对社会，无疑有着自己不同寻常的理解。

回首往事，赵园在书中说：“‘出身’这概念已然陌生，或许我们的后代再也不会有如我所写的噩梦。写了这句话后，我并不真的就这样乐观。不是又有了新的等级与新的歧视？只不过‘大款’‘白领’以及永在金字塔尖上的‘高官’替代了‘革命干部’‘革命军人’‘工人’‘贫下中农’。还有层出不穷的新的‘类’与‘另类’——即如‘特困生’。我得承认，这种名目总让我看得不舒服。”今天媒体关于“特困生”的大肆宣传乃至将其名单公布出来的举动，让她联想到自己当初被当作“黑五类”“右派”和“牛鬼蛇神”示众的痛苦，她说：“我以为总应当有更好的办法，顾到受惠者的尊严。”

“往事”一辑中还穿插了父亲写下的供家人阅读的个人回忆，充满了沧桑和疲惫，那也是一代学人、知识分子共同的心路历程。而在当时，私信被截留、日记被没收却是家常便饭，她是否连写下来的信心都没有？赵园在阅读他人彼时写下的当事人手记时，也提到虑及“在‘私域’被极度压缩的条件下书写者对环境的意识”的必要。其实何止是对于个人书写无法苛求客观，在赵园看来，“历史”大约也是“因不断的删繁就简终至于众口一词，像我在南方所见熏干且上了色的腊肉，永远失去了复原的可能”。在“文革”时期，她在北大看到批斗、武斗、游街示众乃至酷刑等等“种种野蛮行径”，她在北大“百年庆典”时说：“这一景显然被有意删略，它们像是被假定了未曾发生过，刊印在各种纪念册上的，全是辉煌与荣耀。”

也许目睹了太多的畸形和丑陋，赵园的心底是灰的，她对于家乡没有眷恋，只有那块黄土地上的爱恨情仇和忍辱负重；对人世也无太大的热情和热望，包括她与丈夫商量好不要孩子，似乎也隐隐缘自对于人生的那份失望和惧怕。因此当读到日本友人中岛先生在信中说“绝望之为虚妄，正与希望相同”之时，她才会产生由衷的感动与共鸣。她想悄无声息地来去。遥想未来的归宿，在书中的某一处她说隐隐约约总觉得自己的归宿会在大西北。现实中与大西北并无太多关联的她不知道自己为何会产生这样的意象，然而，细心的读者也许会发现，这不是其内心“荒凉”的又一次影射和印证吗？她的写作保持了一份隐忍、一份退缩，她说：“我自知回望之际，所见无不琐碎渺小，与“大时代”无涉。”殊不知，每一个“大时代”都是由无数琐碎渺小的人生构成，其间沉浮被人们感同身受。

无以承担和承受之时，她更感到自身的无力。好在，她有书斋护佑。她说，写作这一行，覆盖了她几乎全部的生活；写作即是自语，书斋的写作是她的避难所——“一灯独坐，如在世外”，使她少却了许多“直面”惨淡的机会。简陋的卧室之中一张局促的书桌成了她自由驰骋的天地，无可逃遁之时，她在那里得到呵护。而有时候，她不得不感慨，文字也仅仅是一种自慰而已，心中泛出的依然是无助的荒凉。

当然，“荒凉”，也可以成为一种境界。于《写在冬日》这篇文章里，她联想到俄罗斯的雪野和俄罗斯文学的寂静辽远与荒凉阔大：“我相信正是俄国文学，培养了几代人感动于荒凉阔大之境的能力。在我看来，当人类生活日趋复杂之际，感受单纯与阔大，不妨作为值得珍视的精神能力。”而她，似乎早已具备了这种气质，这种气质使她远离人群，享受独处的安宁，暂时地忘却纷繁的世事和他人。即使处于人群中，她也必然要寻找“自己待一会儿”的空间。在她看来，“独”已是一种难得的心理能力，使她抵御着时尚、纷扰，对“潮流”反应迟钝，有着某种骨子里的“贵族气质”。是的，生命的高贵首先在于精神的高贵吧。

经受了摧残，作为一个学人、知识分子和一个有血有肉的普通人，她本性深处的善良和审美能力并未丧失，思考也早已成为了习惯。面对《诗经》之中“美丰仪”“美姿势”等男性之于同性的激赏，以及现代可能将其归于“同性恋”的解读，她更倾向于认为那是古人对美坦然大度、纯粹无染的鉴赏力。领略赣南山水，她喜欢那份“鸿蒙未开”的朴拙古老：“我所喜爱的，正是这种‘非标准化’，像是恣意伸展的任性与质朴，这种未经过分雕饰、未经人类审美文化‘规范’的浑朴，甚至粗粝。”所到之处，她用人文的眼光去观察和感受那一方水土和那一方人的生存状态：“只要想到在这些老房子中每天以至每时都会发生的相遇与‘交流’，想到你随时可能与生活在另一时间的人物‘擦肩而过’，无论如何是一种神秘的体验。较之午后的傩戏表演，这些实物与尚在进行着的日常生活，或许更有民俗学的价值。”在安顺古城，当看到普通人家生火烧饭或于灯下读书，内心升起的是无限的安适，然而随之而来的是另一种担忧：“不知这段老街还能保留多久，是否也会像北京的胡同，在‘城市改造’的名义下被大片地夷平。”而大量历史遗迹的消失和被更改，却引起了她内心深处的不安和警觉：“‘实物历史’正在迅速消失，或被以商业目的改造。这种消失与改造不可避免地重塑着人们感知、想象历史的方式。这种更为隐蔽的改写历史的过程，往往为人所不觉。”

我们不得不承认，随着文明的浸入，我们的心灵无形中也被蒙上了许多灰尘，只有时时擦亮，才能使它散发出本有的光芒。浮躁的世风和功利的心态，某种程度上也正使社会丧失着本有的美好。赵园先生内心深处的“荒凉”之意，是否也正来自这诸多的不安？

写到这里，想起不久前姐姐从老家传来消息，说她刚刚住了十几年的新楼房要被“棚户改造”。相关部门来做调查时，她被告知“改造后是否愿意回迁”一栏中只能填“不愿意”。而由于是“棚户改造”，未来无家可归的他们只能拿到不足以购买同等住房的款项。对此，那个区域几乎所有的住户都反对，后续只有观望了。听到这个消息，不仅仅是我感到愕然，在外地读中学的小侄子想到下次再回家时很可能已经无家可归，16岁的少年内心竟也生出了无限的悲凉。在作文中，他回顾了自己在家乡15年的美好记忆和伴着那记忆逐日长大的过往：“清晨，柔弱的太阳透过薄薄的雾照在人们的梦上，轻叩着人们掩着的心门。快要去工作了，老街上升起几缕炊烟，随着来的，还有包子、豆浆、油条，朝气蓬勃的人们在闲聊中吃过早饭，随着自行车的铃声踏上风尘仆仆的路，远去了……”然而，当幻想不久再次回到自己年少时家的位置，他说：“而这个位置，如今已是一栋刺破苍穹的楼，家搬走了。根，没有了。家，在一个陌生冰冷的城市坐落着。他恨。他恨这个物欲横流的社会，推平了家，推平了故乡，推散了那永远消失在童年的人。他哭。蹲在地上，手环住膝盖，大声地哭。”看到这里，我竟也无语了。那也是我的家，我熟悉的地方。彼时的我，感受到的何尝不是无限的凉意！

于“荒凉”的世上温暖地活着，需要的大概是非同一般的力量。与赵园先生师出同门的钱理群先生曾经发出“我在向社会的黑暗宣战的同时，也必须向自身精神的黑暗宣战。或者说，外在的黑暗愈浓，我愈要唤起我内心的光明；外在的敌意愈多，我愈要激发出内心的爱”的呼喊，提出与邪恶势力作斗争的关键是要有大爱作底。赵园先生没有过多的表述，但旅途中她曾搂着乞丐的肩膀照相。面对匍匐在地的乞讨的老人和媒体、舆论关于丐帮“骗局”的报道和传播，她不以为然，“我确信上述社会调查（我绝对相信她所说的话的可靠性）拯救了一些人的敏感良心，但却很少有人进一步追问：用了如此卑屈的姿势——那确实呈现于‘姿势’，我在不止一处看到老妇叩首般伏在地上——‘欺人’的老人付出了什么？”这人性深处的悲悯和人道主义情怀也是一种大爱吧？

（《散文季节》，赵园著，海天出版社，2016 年 6 月第 1 版第 1 次印刷）

2016 年 10 月 18 日、19 日

以大爱作底

——读钱理群《活着的理由》

面对这位老人，总是会肃然起敬。在满目的沧桑之后，他给予世人的总是无尽的力量，正如他在另一本书《生命的沉湖》中所说："我在向社会的黑暗宣战的同时，也必须向自身精神的黑暗宣战。或者说，外在的黑暗愈浓，我愈要唤起我内心的光明；外在的敌意愈多，我愈要激发出内心的爱。"而此时，已因年事渐高住进了养老院的他，却仍未忘记思想者的责任和学人的本色，继续着他面向长远的社会与人生思考。

一部名为《和凤鸣》的纪录片引起了他关于"活着的理由"的深沉思考，这思考来自于他自身的人生经验，同时又面向社会大众，寄托了高洁的胸襟和情怀。研究鲁迅的他以鲁迅的思想为依托，为这个问题寻找答案。关于活着的理由，鲁迅在他的小说里表达过三层意思：第一，"为自己活着"，为自己的理想、尊严而活着；第二，"为爱我者活着"，自己不想活，就为丈夫、妻子、儿女活着；第三，"为敌人活着"，为了让那些非要我死的人活得不舒服。结合自己亲历的历史，钱老师一层一层地分析“活着的理由”，告诉人们活着有时并非一件简单的事。当人们丧失了第一层活着的理由，即无法为自身的尊严活着时，就会退到第二层；当第二层活着的理由再被剥夺，无法再“为爱我者活着”时，比如“文革”中的父子反目、相互揭发等等，人就有进入第三层活着的理由——“为敌人活着”的可能，但这是最无奈、最凄冷的选择；然而当第三层的选择再被剥夺，比如连自己都不是“人”，而是“牛鬼蛇神”，丧失了“为敌人活着”的理由和条件时，人就被逼入了绝境。历史上如此的惨剧并不鲜见，近的尚未超过半个世纪，这其中的许多都是和凤鸣和钱理群先生亲历的。

“但是，无论如何，和凤鸣，我，还有许多的人，都选择了活下去，而且也都活下来了。那么，和凤鸣和我们活着的理由是什么？——这或许更为重要，后人更感兴趣，也是和凤鸣的叙述中最值得珍惜的部分。”支撑他们活下来的，是人性中不灭的亮光！事实上，即使在无比严苛的环境中，在无比疯狂的年代里，不经意处也依然流露着人性的光芒。和凤鸣被遣送劳改的时候，房东王大爷召集全家，郑重地宣布“大姐（和凤鸣）不是‘分子’，是‘落难之人’”就是一例，在这里，人们就已然看到了无声的亮光，内心闪烁着同样亮光的人们敏感于这样的光芒并从中汲取力量。而民间细微处美好的发生，又绝不仅仅这一次，那是一股自发的、不灭的、倔强的力量，钱老师说：“我感到了人性，鲁迅说的‘天性的爱’的力量：

它是高居于一切权力、体制的压制之上的，是最终决定一切的。”只有人性的、爱的力量才足以长久地支撑一个人富有希望和暖意地活着，只有人性的、爱的力量才能驱使自己以内在不熄的光明抵挡无边的黑暗。

钱老师回顾痛苦的过往，追索“活着的理由”，意义和用心不在于声讨或挽回——发生的无法挽回，而在于呼唤和警示，在于唤醒世人的良知，让光明驱散黑暗，使历史的悲剧不再重演。

然而今天的境况，依然引起了他无限的担忧，作为一个思想者，他分明看到了现代人的精神危机，他知道当人生命存在的意义一旦瓦解，人“活着的理由”就成了问题。由此他关注社会上的“自杀”问题，从更深的深处去寻找现象背后的根源。“鲁迅说的三个层次的‘活着’的理由：为自己活着，为爱我者活着，为敌人活着，在日常生活伦理、逻辑被颠覆以后，确实都成了问题。当人仅仅为‘钱’活着，缺少精神的支撑的时候，就随时会因为生活遇到挫折、物质欲望不能满足而失去活着的动力。而亲情关系淡漠、功利化，家庭情感功能退化，当孩子感受不到，或不能强烈地感受到父母、亲人的爱时，也必然导致‘为爱我者活着’的动力的丧失。”这些都有鲜活的事例。而面对事实，人的内心仿佛又总是充满了无助感。费伦茨·马特在他的《托斯卡纳的智慧》一书中说：“在‘每一口空气都要付费’的文化里，钱包是生命延续的保障。”金钱驱动的价值观已经或正在改变着正常的人际关系。北京电视台有一档关于生活调解的节目，我们在节目中看到，到那里寻求调解的人需要解决的尽是些围绕财产的家庭纠纷。金钱几乎驱动一切的社会氛围下，家庭关系都在发生着悄然甚或激烈的变化。

城市如此，那么乡村呢？钱老师忆起当年，在他以及像他一样的知识分子在经受精神危机的时刻，乡村曾是他们的避难所。他所在的贵州安顺就曾经缓解过他内心的苦痛，抚慰过他心灵的创伤，给予他相对自由的心灵的空间与希望——换句话说，就是“活路”。在他看来，即使在社会动荡的时刻，中国的文化传统依然在乡村保留着。在乡村社会里，存在着一套相对稳定的价值系统，这套系统包含着对人与自然、人与人的关系以及人的生命存在意义的深刻理解。这里也保留着他内心的一线希望。然而今天，他痛苦地看到，这样的系统和乡村传统随着利益的冲击与引诱，随着农民的进城，随着自然生态的被破坏，正在一点点地瓦解，“今天我们所面临的乡村文化的衰落，就具有了非同小可的严重性”，它意味着“社会生活的底线的频频失手”，“社会生存的基础正在面临威胁”。由此，钱老师产生了如此的疑惑和恐惧：今天中国的农村，还能够成为落难者的庇护所和家乡吗？不能了，因为“善待落难者”这样的民间伦理已经荡然无存，人和人的关系早已利益化了，民间的日常生活、逻辑正面临着解体的危机。

百年大计，教育为本。作为一个教育者，在洞悉了世间乱象，探讨了“活着的理由”之后，钱老师把大量的笔墨和心血转向了教育——这个让他仍存一丝希望的地方。他揭示了应试教育、教育产业化的种种弊端，并犀利地指出归根结底那是体制的弊端，大人格和悲悯情怀的缺失，独立精神和自由思想的缺失，诗意人生和人文底色的缺失，道德自律和求真精神的缺失，都令他惶惑不安，但他知道“不是老师愿意如此，而是体制需要如此”。当谈到面对教育评估，学校逼老师和学生说谎时，我联想到女儿所在的知名重点中学，在面临上级检查时，老师也曾叮嘱学生否认平时超出教学大纲所教的课本和课程。这是赤裸裸的教学生说谎。对此，钱老师表示了极大的担忧，家长、老师，乃至教育行政管理人员又何尝不是？钱老师的分析一针见血，他的担忧和判断亦非耸人听闻。然而我们应该怎么做？

过度的焦灼，使他无法停留在思想者的思想和教育者的理论上，他想像鲁迅那样直面社会，将自己的理想付诸自己的点滴行动。抱着改变一点是一点的心态，他身体力行地去参与和推动，力所能及地去改变和改造。从北大退休后的很长一段时间，他并未休息，而是投入到中学教改（主要是语文教改）工作中，寄希望于青年学生。他想让教育远离功利主义、实用主义、虚无主义的时代纷扰；他想挽回丧失了的一切；他想看到教育回归正途，回到“要让学生像人一样活着，要让他们像人一样活得美好这一根本目的”；他想挽救青年一代的心灵……那是一份太过迫切的心情，这份努力令人感动，虽然他终究感到的是深刻的失望和力不从心。“冰冻三尺非一日之寒”，仅凭一己之力无法抵挡社会和世俗的惯性。然而信念不灭，心中的大爱使他无法驱散内心的焦灼，同时，他也被来自各地的基层教师虔诚的来信所感动。他从他们那里得到共鸣，他与他们怀着同样的“痛点”相互激励，彼此触发。从他们身上，他的希望一次次被燃起，于是他给他们写很长篇幅的态度认真的回信。他在信中给怀着信仰做教育的青年教师以巨大的肯定和鼓励。他期望通过自己努力，让教育回归本源，负起应有的责任。

延伸至学术中，他的思想和态度一脉相承，其分析依然深刻和犀利。他强调自由独立的精神力量，指出“知识分子流氓化”的现实，一如发出杜绝培养“精致的利己主义者”和“高能人精”的警告。然而当论及“与社会的邪恶势力采取‘以毒攻毒’的批判策略”时，他说：“关键是内心有没有更强大的爱？真正的大怒、大恨，是以大爱作底的。”正是依着这大爱的底色，他的内心和文字里才散发着无限的光明和力量。

希望之中隐含着失望，失望之中又显露着希望。然而沧桑历尽，信仰不灭。今天，已经年迈的他依然在以他的切身体验对我们说：“人活着要永远保持一种黎明的感觉，每天都是一个新的开始，每天都以婴儿的眼睛去发现新的世界、新的美。”这是告诉我们要保持新生的状态，吸取生命的元气和活力。历经沧桑，他的文字里依然充满着蓬勃的生机与爱意。这一切，都是因着心中大爱的根底和信仰的力量吧？“在这价值虚无的时代，毕竟有人在坚守人和知识分子（读书人）的本性，人、知识分子（读书人）和文化的基本价值；人性和作为人性中的真、善、美的结晶的文化，可以蒙尘、遮蔽于一时，但却是永恒而不朽的。——这也是我们共同坚信的。”他的这段话，也代表了我的心声。

（《活着的理由》钱理群著，广西师范大学出版社，2010年10月第1版第1次印刷）

2016年10月9日、10日

藉着精神的灯火

——读王安忆《今夜星光灿烂》

在家里，在地铁，在咖啡馆，于一些零零碎碎的时间段里，这本书读完了。这是王安忆写人物的一本集子，写作对象多为身边的熟人和朋友。

也许与性格有关，她的文字里有着一种冷静和克制的笔触，但给人留下的印象还是较为鲜明和深刻的。这些人物无论被铺陈了多少，似乎总有那么一点让人记住，或许这就是小说家练就的功力吧。她这样写路遥：当无意中被质疑将来是否也会像某些前辈那样最终放不下名和利这两样东西时，路遥竟然伤心至极，以至于大动肝火，与人争得面红耳赤。王安忆说："这是我唯一一次听路遥大声说话，我不能理解的是，这一句类似戏言的假设为什么会伤了路遥的心。"我理解，这句话里，也许包含着他毕生最重要的价值观——那很可能就是他文学的支点。她写萧军，当被问及最近在写什么的时候，老先生声如洪钟："我才不写呢，我为什么要受那个罪，散散步睡睡觉多舒服，我不写。你们写，你们写。”这也是文学书里不易见到的真性情，谁说文字就一定得跟随作家一生呢？她写史铁生，到他家里做客他从始至终谈的都是吃饺子。那是最家常的一面，也是文学之外最真实亲切的一面，文学，抛却严肃和正经的一面，还原到最平常的生活也许才更具滋味。她写顾城，在新西兰的小岛上忍饥挨饿之时，当有人告诉他有棵树可以吃，他就从这棵参天大树的根部尝起，“他很耐心地，忍着辘辘饥肠，拿出蚂蚁啃骨头的精神，从根啃到梢，最后知道，这棵树可以吃的，是它的花蕊”。读来是一阵酸楚。诗人虽然有些过于不食人间烟火，但仿佛这又是命中的一份注定——他原本不在正常人的序列中，我们无法拿“正常人”的眼光去看他。她写岳丁讲述的一对表兄妹相爱的故事，表兄出于近亲不能结婚做出理智的决定，表妹一气之下要杀了他，“有一天，她看见哥哥在树林里睡着了，就朝他端起了猎枪”。然而，“妹妹想，我打他什么地方呢？打他的头，可是他的头是那么漂亮；打他的背，我家盖房子的时候，他的背给我家背过砖；打他的手，他的手抱过我；打他的脚，他的脚要是伤了，怎么走回喜马拉雅山——传说景颇人是从喜马拉雅山来的，死后还要走回喜马拉雅山……”。爱是激烈的，更是柔软的，读到这里，我被深深地打动了。

由于圈子里文人居多，她在书中便不可避免地谈到文学，谈到小说，解读别人的作品，也讲自己的心得，尤其是在谈小说和剧本时，其中的冷静和理智贯穿始终，让人感觉她真是适合到无比严酷的现实里去写小说。最具代表性的就是谈与陈凯歌合作拍《风月》了，担任编剧的她和担任导演的陈凯歌观点上分分合合、合合分分。对于陈凯歌情急之下道出“这是我的作品”，女作家内心纠结、忧郁而又不服气。争执中的两个“极端自我的人”凸显着各自鲜明的个性，有点水火不相容的架势。但随着讨论的深入，她抽丝剥茧地一点点进入，直到于纷杂中共同理出新的头绪，出现“柳暗花明”。经历了漫长而痛苦的过程，她发出感慨：“真正的艺术，其实是没有什么趣味可言的。”但不得不说，她剖析人物和剧情的文字太细致太缜密了，其中的逻辑环环相扣。但还是能跟上她的节奏，思维一层层地递进和深入，正如她所说，费的是心力和脑力，是一份“力气活儿”。所以，剧本中的矛盾解决了，她积累了灰暗的心得：“说起来，艺术这条路是不能走的，走到远处是很不幸的。”这种“不幸”，不仅仅表现在剧本，针对她日常所写的小说，也时常听到读者“太残酷”的反馈——是的，也许具备了足够的承载力才能面对犀利的现实而从事小说写作吧？这是我不读小说、更不会写小说的原因吗？无法承受小说之重，是我回避小说的原因之一吗？

小说之外，谈及散文，她也有很多精辟的观点，比如注重直觉、冲动，浑然天成的境界，毛毛糙糙的朴拙，物质与精神的合一，文字锤炼太多就做作了，等等，都是我赞赏的。尤其读书随笔，不被文本束缚、展示本能的冲动并找到自我的表达十分重要。

书中自然还夹杂了些她自己的人生感悟，由陈村引发感慨，她说："每一分钟，都在上演着有价值的和没有价值的悲喜剧。要是过于看重的话，人就只有叹息的份了。没什么了不起的，真的，没什么了不起。把小小的自己放在时间的长度和空间的横度织成的经纬上，是多么微不足道。"走在大西北，她悟出"文学的虚假真谛"，人生是这样沉重压顶，白纸黑字算得上什么？面对在工厂"做生活"的女人，她道出工业社会的本质，就是人成为机器附件的命运。

当然，她的剖析和感悟也有局限处。她解读素描，像剖析剧本一样，一是一、二是二，头头是道，但显然太过清醒了，"不够味儿"，于是我忍不住在旁批注："评述得再直觉点好吗？"对于某位作家作者兼居士的双重身份，她似乎也无法全然理解，认为那是将矛盾和莫衷一是集于一身，怎么可能既热衷于生活细节，虔诚于四大皆空的佛教，同时又潜心于写作？可是，佛教与写作绝不矛盾啊，反而能够彼此增益。当读到"'热爱'是有抱负的，对生活的渴望比较强烈，付出和攫取也比较重大"，我头脑中冒出的是：热爱不计攫取好吗？姐。我不觉得从居士作品中读到的"生命原本是一样的"是陈词滥调，我觉得反而富有深意。我也不同意她将绘画和小说都归入写实的艺术，绘画不尽如此。安忆女士理解宗教和艺术，感觉还未鞭辟入里。

今夜星光灿烂，王安忆女士著文至今大约已有一二十年，书中的一些人已经离去，而他们身上的精神光辉永在。

（《今夜星光灿烂》，王安忆著，新星出版社，2013年11月第1版第1次印刷）

2017年3月8日

沪上的光影流连

——读王安忆《王安忆的上海》

如果说《冯骥才的天津》讲述的是津门文化散失的遗憾和对世间大众的悲悯，《王安忆的上海》展现的则是充满了烟火气的市井生活片段和女作家敏感细腻的内心情感，细到一处光影的变化、一点内心的波澜，通过有声有色而又精准的文字展示出不同的面貌，让作为读者的我感受到大时代里小散文的可贵和可喜——散文就是一种虔诚的述说，小散文里往往流露着直抵心灵的朴素与坦率。

关于王安忆，过去曾读过她的《男人和女人，女人和城市》以及其她关于上海的文章，很有声色和味道。一个人在讲述生于斯长于斯的城市之时，笔尖自然而然地饱含了感情，笔下的文字自然不同于观光客的文字，而是有着仅属于自己的细腻的感怀和独特的视角——这是《王安忆的上海》的看点所在，也是三联书店推出的“作家与故乡”系列的看点所在。

在这本《王安忆的上海》里，作家王安忆有相当一部分文字描写自己敏感的内心世界和精神、思想的微妙变化，空灵抽象，难以捕捉，但经她描述出来，仿佛又那么真实具象，可触可摸，潮湿，透明，抑或阳光普照，都给人一种变幻和流动的感觉，用文字打通了视角、嗅觉、触觉。在她的情绪里，读者时而看到光，时而看到画，时而抑郁徘徊，时而豁然开朗，显示了一个作家的艺术驾驭能力和文字表达功底。《屋顶上的童话》，那就是成人世界里，摒弃了世俗的尘埃，于心灵最深远处的"本我"之中构架起来的天真无染的天空。其实暗中我有些怀疑：作家是否真的是在用一种隐秘的方式讲述自己抑郁症的经历？"太阳从那里走过时，我几乎睁不开眼睛，心里全叫欢乐灌满了。""它使弥漫空中的尘埃变成透明的，参加进光和色的舞蹈。"那是孩子的视角，欢乐，纯净。而欢乐中又时常渗满了忧伤。《忧郁的春天》中太过阳光明媚的正午或午后的阳光常常使她惶惑和不知所措，强烈的光线对比之下，她因有种无力消受的感觉而感到惴惴不安："有那么几分钟，真的是金子一样的黄和亮，所有的物件都在发光，同时在反光，于是，五光十色。可是，外面有多么辉煌，内部就有多么沉暗。""你承不住它的好，只能辜负它"，甚至每一分、每一秒她都没有放松内心"折磨的拷问：做什么才有价值？答案是，什么都没有价值"。不知道是作家太过敏感了，还是我过于麻木，坦率地说，我没有过这种经历和感受，也无法设身处地地理解她的这些感觉——想象自己如若处在如此闲在自由而又阳光明媚、五光十色的光阴里，难道不是莫大的欢喜与雀跃吗？阳台的躺椅上迎着阳光慵懒地看书，然后再美美地睡个午觉，让自己的精神愉悦、饱满，以美好的心情继续享受下午的时光……而她，写自己晦暗童年的故事也是那么压抑、自卑、愤怒且无处申诉："我已经忧伤了多么久了，可我一无所知。"——有心理学的研究者说，人生幸福的大基调中，有百分之五十来自快乐的童年——而作家的这些经历和意识，也都影响了她日后的性格和人生吗？

然而，在她童话的世界里，她与周遭的一切生物却发生着隐秘的联系：蜜蜂、蚂蚁、蜘蛛、鸽子，这些"同时代的伙伴"的出现都有它们各自的寓意，感觉却是十分奇妙的。她说，在这些伙伴中，有两样属于未来世界的生物，那就是鸽子和萤火虫："鸽子是从我们的瞻望中飞来的。它们也和记忆深处钻出来的东西一样，有虚无感，很少看见一只鸽子在觅食，我们看见的多是飞翔的情景。有时，它们只是在空中盘旋，这是在辨认未来的方向。只有它们才看得见未来在什么地方。""有谁见过萤火虫吃喝吗？没有，它只是在暗夜里飞行，留给我们一点荧光。""这两样未来的生物，都有着超凡脱俗的神情，虽与我们无法交流，却唤起我们快乐的心情。要说快乐什么，我们也不知道，我们只是对前景跃跃然的，有着按捺不住的兴奋。即便是我，眼前望出去是鳞次栉比的屋顶，可是我却能越过这一片障碍，看到更远，是它们两个的原因。"在"同时代的伙伴"之中，作家这一族群是不食人间烟火的一类吧。总之，在这细腻的表达中，往往又夹杂着思索，有她——一个女作家对世界、世事的独特感知与把握，或许还有她的一片寄托。站在阳台之上，看楼群的缝隙里闪烁的星光，她说："它离我如此之近，几乎可以搭上话了。可是我们没法搭话。自从我们降生人世，我们渐渐学会了人的语言，于是我们便无法与我们的灵魂之灯交换看法。我们说得越多，隔膜就越深，说是语言沟通，其实是真正的鸿沟。于是慢慢地，我们便与我们那一盏灯失去了联络。"

以前，偶然听到一位与之有过一面之交的出版人说，王安忆是一位不太好打交道的作家。但我想，她有她的内心世界，那隐秘的世界或许无法轻易被人了解和知晓，文字大概是其展示和表达的最佳通道。很多优秀的文学家、艺术家，文学艺术成就金碧辉煌，照耀千秋，而彼时的他们，在常人眼里，不也是一个个个性不一、缺陷满满的人吗？参与世俗生活的能力、为人处世的能力、世故人情的能力都仿佛带着天然的缺陷，甚至，这些能力是不是他们刻意回避和反感的，亦未可知。我想，我们不必、也无法苛求或苛责他们。王安忆意识流般模糊而朦胧的文字里，有她自己对生活，对世事，对情感，乃至对生命本身的认识和体味，不经意处又常常让人为之一动，恍然大悟，于某一个瞬间里拨动了人性——一切亘古、深邃的，一切绵延不尽、生生不息的，都与浩瀚的人性相联结。而作家的伟大，即在于从平常中看到了永恒的东西，并伴有与之共生的气质。

她的另一部分文字对准了身边市井，街区送信的小伙子；路灯下下棋的老大爷；街头浓妆艳抹、珠光宝气，青春不再却不甘落伍的大妈，银行里取钱的盲人和热心的助人者；大卡车上下来，操着外地口音又唱又叫的农民工；饭馆的大厨与食客……一幅幅鲜活的市井图，很有点陈师曾北平街头人物小品的意思，将上海的凡俗气质描摹、刻画得淋漓尽致。“上海是个物质的世界，倘没有抵抗力，是容易沉沦的。”谈到市井气，她在写城隍庙时有一段文字：“那陈旧与嘈杂里面，有一股奇怪的味道，是没落的，又是热辣辣的，就像隔宿气，是不那么洁净新鲜，可却是饱满的人气。这大约就是市井气了。”至于上海的女人，她写道：“她们潜在城市的内里，波澜不惊向前涌动，维持着生活的最常规。这最常规，貌似平庸，其实却藏着很深的见识历练成的涵养。”“要说女性对物质的欲望，那是因为女性比男性更有生活的热情，而且拥有着更为感性的认识。生活对于她们来说是具体的，具体到衣食住行，脱离开意识形态。”

当她写到曾经瞩望她将自己写进文章的街道里的第二位邮递员——不同于第一位小伙子的实在和拘谨，这位于高调中透着一点势力，但当第二位离开第三位又到来，街坊中没有人再提起他时，她却没忘他的希望和“嘱托”，看到第三位送信者，她说：“此时我却想起了那第二个邮递员，遵他嘱咐写了这篇东西。希望他喜欢。”可爱！读到此处，我的脸上浮出笑意："难接近的人"原来也这般可爱。

当然，离开市井，她并未忽略图书馆的"草本气息"和精神深处阳春白雪的一面。作为作家，在这本书里她也少不了谈及上海的文学和艺术。"到图书馆去看书，看的不止是手中要看这一本，还有身前身后，别人案上，那层层叠叠的书，也一并进入眼睑，让你感到富足。手中的这一本，有了一个浩瀚的背景，意义也不寻常起来。这大约就是在图书馆看书和在家看书不同的地方。"《到图书馆去》开篇的一段文字引起我深切的共鸣，勾起我也曾在图书馆消磨、沉浸的愉快联想——彼时是一样的欢喜。由一篇《地母的精神》，她引申到了张爱玲，引申到了邓肯，引申到了职业的散文家。从邓肯的爱情遭遇和艰难的自我决断里，她领会到："人世中最难亦最好的品质，其实不在争取，而在争取之后再让。这'让'不是博爱主义者施舍与自美的德行，而是充分的大度和明理，还有真正的乐观。"从上海女作家文丛"隐形美人"的散文中，她看到经过漫长历练和艰难跋涉后女散文家们精神的天真与挺拔："就是事多，跌宕起伏，使她们比别人得享多几倍的生活，反过来又养育了她们的吸纳力。"散文是生活和内心虔诚的表达，不是空中楼阁和无病呻吟，任何的矫揉造作之举都破坏了散文的美，强大的"吸纳力"（或者说"吐纳力"）对于一个散文家是何等重要！丰富的生活滋养了散文家丰富的思想和感情，培育了他们内心深处爱的根苗，是人生的繁茂决定了散文的繁茂。而无论快乐还是忧伤，王安忆女士沪上散文的光影流连之中显然也有着如此的吸纳力和生长力。

（《王安忆的上海》，王安忆著，生活·读书·新知三联书店，2014 年 3 月第 1 版第 1 次印刷）

2017 年 2 月 11 日、12 日

低到了尘埃的姿态

——读冯骥才《冯骥才的天津》

没想到，冯骥才的这一本书格外地好，他怀有如此深情的写作，写出了不一样的质地。

他写欧洲写天涯（之前读过他的《西欧思想游记》和《天涯手记》），很好看，但都不如天津好看。因为天津是他的家——从未离开的家，笔墨的真情里带着不自知的深厚。而那些感人的，却是异常平凡的点滴。这低到了尘埃的姿态，使他站到了高处——一个缺少悲悯、大爱和人间情怀的人是站不到如此的高处的。变戏法的，卖糖稀的，摆摊的，叫卖的，刷油漆的，胡同里的猫婆，家里的奶妈，街头的艺人，江湖上的“老大”，这三教九流貌似卑微或低俗的人事里，在他的笔下都承载着感人的东西，一经他写出来都使人落泪。没有深刻朴素的情感，没有敏锐独到的眼光，没有对美的深刻感应，是写不出这样的感情、发现不了平凡之美的。

卖糖果的“刘快手”为招引小孩买糖果让自己谋口饭吃，

变得一手好戏法。小时候冯骥才站在那里每每佩服得五体投地。而当时过境迁，多年之后作者于街头再次看到他时，岁月的痕迹已经刻满了他的全身，他爬满了皱纹的脸上不但已全然失去了昔日的神采和骄傲，他的那双无比神奇、用来吃饭的快手也明显地已经不听使唤："快手"受到了岁月无情的侵蚀，已经再也无法快起来了。他的戏法在他迟缓的动作下漏洞百出，引来的只有孩子们的嘲笑声了。彼时彼刻，悲悯心切的冯骥才先生机智地转移孩子们的注意力，给刘快手解了围。而这解围，只能解一时，不能解一世。然而世间却是不能缺少这温暖的情感和情怀的。作家尤其如此。读到这里，心里有种堵堵的感觉，"刘快手"的未来岁月显然也给读者的我留下了沉重的想象。

他写自己的奶妈——那个善良、穷苦的乡下人，写胡同里的猫婆——那个被遗弃、与流浪猫相依为命的旧社会富人家的小老婆，也是这样的感情和笔墨。他称他的奶妈为妈妈，永生永世地记着她的好。而意外邂逅的胡同里的猫婆，却使他看到一个怪异婆婆的温暖内心和慈悲情怀。读完，对于作者只有敬佩和敬爱，心里也是一种堵堵的感觉。

对人如此，对于一张破败不堪、伤痕累累的旧书桌竟也如此。几十年中他始终留着它：从学生时代做功课，到长到一米九的大个儿，这张窄小的书桌几乎容不下他，到伴随他经历岁月波折和命运起伏，他依然留着它。那不忍丢弃的，是那些跟随着他、无法抹去的岁月悲欢和人生感怀吧？在这张旧书桌上，有初恋情人温暖明亮的气息，有红卫兵抄家的狰狞面孔和冷漠眼神，有自己遭受屈辱时一拳落下砸出的悲痛伤痕，也有伏案作画的安然时光和望向窗外的遥远想象。无论悲喜，都是生命抹不去的真实存在。直到在一次大地震中，书桌被意外地肢解于这突如其来的灾难。而就是在那最后的一刻，它还救了躲在下面的儿子的性命。看着变成了一堆木头的书桌，冯先生心疼。他曾找人试图使它复原，而被找来的木匠看着一堆散乱的木头，诧异的同时表示实在无力回天了。那时他感到的只有“隐隐的忧伤”。那一刻他想起不知谁说过的一句话：“呵，生活，你真迷人……哪怕是久已过去，也叫人割舍不得；哪怕是不幸的，也渐渐能化为深沉的诗。”一张书桌，也被他写得如此富有情感和深意。念旧的人、任何一种生活都能化为诗的生命，恐怕是有着别人无法理解的情感深度。

而江湖上的各色人等在他笔下也各有各的好，江湖规矩、江湖义气同样被他写得十分感人——用温暖的眼光和笔触看世界，世界所呈现的永远都是温暖和美好。这是一种天生的情怀，或者说是一种天赋的情感。在这一点上，我感到与冯骥才先生有着深深的相通。自己这两年出版的《那些人》《那些事》，也都是平凡生活中一些不起眼的人事，然而每个人、每件事似乎又都有着某种触动人心的东西在闪光；即使卑微琐碎，也都值得记取。

自小衣食无忧，可划入富裕阶层的冯骥才先生本是随经商的父母住在租界区，在他的认识里，那是与本土的天津有着天然隔阂的特殊区域，这里弥漫的是洋文化和富贵人家的优越感。“过去有两个天津，一个是说天津话的天津，一个是不说天津话的天津。这你可得记住了！”但在他看来，只有那个本土的、“说天津话的”、“硬碰硬”的码头文化的天津卫才代表了真正的天津，因此，他的笔墨并未落在租界区（即使涉及五大道，也只是写及红卫兵抄家的亲身经历和绝望时刻），而是扎根于天津的市民大众之中。他说，这是天津也是他自己的情感根基和人文基础。而旧社会天津的租界区，更多的只是各色人等暂时的逃避之所，因此也缺乏了长久的感情维系，至今在文化的承继上已是七零八落。只有那个本土的天津卫，还活色生香地招展于迷人的市井文化之中。

这样一个天津城，仿佛浓缩了他一生的精华，同时也是社会和时代的缩影。相比于大叙事，有时候小视角更见真情、境界和质地。文如其人。对冯骥才的好感是从他的每一件作品中来的。读书如交友，我只交具上等人品、至高境界、真挚情怀的朋友。

近些年，冯骥才先生奔走呼号，致力于民间文化的记录和挽救，那同样是怀着一份温暖的情怀和良苦的用心。合上这本书，我又在当当网上买来他的《文化诘问》《性情散文》和《感伤故事》。

（《冯骥才的天津》，冯骥才著，生活·读书·新知三联书店，2014年3月第1版第1次印刷）

2016年11月26日

美好，并未离去

——读冯骥才《感伤故事》

这本书拿到手里，脑子里闪现出一句话："欢乐，带着情感的活力；忧伤，带着情感的深度。"

果不其然，冯骥才先生这本书里的感伤故事，无不带着情感的深度和震撼人心的力量。那力量，来自真诚的关注，来自悲悯的视角，来自一个作家对于美的永恒追求和博大的爱的情怀。

也许艺术的同道更易有着灵犀的相通，就像冯先生在其中一篇文章中所说："人与人之间，有各种锁，各种钥匙，一把锁一把钥匙，碰对了就开。"而艺术家的触角是尤其敏锐而富有灵性的，凭借这样的触角，他邂逅了火车上落魄但灵魂伟大的画家，邂逅了困于阁楼之上却咏唱不止的歌者，邂逅了幽暗的居室中用画笔给自己开了一扇独特之窗的斯文之人。他用无限的耐心和宏大的篇幅讲述他们的故事，讲述美好的人事遭遇的波折与艰辛，用一双无辜的眼睛省察世事，感叹人生，用深远绵长的心绪拉长读者的思考与想象。艰难过后，苦痛过后，唯有美驻留人间。

这是冯骥才先生的可贵之处。同样遭遇了时代风波的他难道不知道人世艰难和人心叵测吗？然而用美的心灵和眼光去感触，他触到和留下的依然只有美。那是他，也是众多困顿中的人在困苦中活下来的力量。他故事中颠沛流离、家破人亡、与狗相依的华夏雨，朴实憨厚、默默生存却钟情艺术、重情重义的老花农，面对自画的窗棂痴呆幻想的文人街坊，亭子间里歌声幽幽不绝的无名歌手，无不如此。在城市改造如火如荼推土机即将民间的种种毁于一旦之际，他以一己之力拦在了推土机——这威力无穷的现代机械前面——他想看一眼那面曾经寄托了困顿文人无穷理想的用不同心情和画笔画出的窗。文人已经不知了去向，那扇窗，在作者的心痛之中也将毁于倾轧之间。

他终无法挽留这一切。只因一切太轻薄。多少有血有肉有理想的人都湮灭于茫茫人世之中不知了去向。

而他，还在尽力地挽留着，挽留着。他的《感谢生活》将我感动得一塌糊涂，这本书让我看到困顿的生活也可以如此美好，带着生命深处恒久的力量。人与人，人与狗，人与有灵性与情感的一切，都让我看到更悠远不灭的气息——留住，那是一个作家的本能，也是一个作家的责任，是一个崇尚真善美的作家无法推卸的使命。我无法去复述这些故事，但它们长久地感染和激励我，使坚定的更加坚定。

沉默的年代，对面阁楼没有歌词的哼唱曾经给予过他多大的鼓舞和欣慰啊，在窒息的空气里，他的歌声是一抹色彩、一缕阳光，以不易察觉的方式悄然进入到另一个人的心里，在不经意处显示艺术的伟大与奇妙，伴他度过无数个“神交”的日子。那声音“神奇般地闪闪烁烁。分不出是夕阳还是歌声在发光”。而一切美的物体，都带着自身的光芒，使生命开出绚丽的花朵。为此，他对这陌生的歌者寄予了温暖的关注，心怀由衷的感激。

而岁月，还是带走了歌者，带走了华夏雨，带走了怀有着热望的无辜的人们，留下的只有时光沉浮和岁月艰难。然而，沉浮和艰难之中，美好并未离去；它们在记忆中，在文字里，在遥远而无限的未来之地。

（《感伤故事》，冯骥才著，文化艺术出版社，2015 年 1 月第 1 版第 1 次印刷）

2016 年 11 月 30 日

烟雨江南苏州慢

——读车前子《苏州慢》

苏州慢，透着诗词的韵味，亦有着生活的闲散，而这，正是车前子在这本书中所依循的格调。苏州，在我的印象中或许只适合写成这样的格调，所以两次见到两次动心，一次在网上，一次在书店——我怀疑我是买重了，现在我的手里应该是有两本《苏州慢》。

“上有天堂，下有苏杭”，而苏州，的确是给我留下了无比美好的印象。唯一的一次苏州之行是几年前利用“十·一”假期，从济南飞上海，再坐小巴到苏州，陪同父母专程旅游。虽然在苏州的时间并不长，只在那里住了一个晚上，但两天的时间也看遍了苏州的小桥流水，赏尽了苏州的园林风光，走遍了苏州的大街小巷。夜晚的苏州尤其灵动迷人，城中水，水中城，如梦如幻，如诗如画，扑朔迷离，虚无缥缈，呈现出北国不易见到的轻盈与曼妙。在离开前的那个晚上，我们路过一家评弹的书场，还颇有兴致地进去听了一场苏州评弹，吴侬软语，轻柔缠绵，却是十分受用。一家人嗑着瓜子，品着香茗，融入那一片吴地的乡土之中，顿然有了乐不思蜀的感觉。总之苏州给我留下了深刻的印象。

外地人赏苏州，也许多了一层距离的美。车前子，作为一个在苏州生活了 30 年，而后离开了苏州城的苏州人，对于苏州的理解和认识自然又多了几个维度。除了他多次提到的家门口章太炎故居的辛夷树，除了儿时天井或小巷中演绎的鲜活的生活往事，除了因应四季的苏州名园和梅雨季节特殊的苏州风情，除了小时候在苏州书场听夜书，他还于时间演进与纵横对比中多了一份对于苏州的关切与关照。今天的他，看到的已不再是苏州的尽善尽美，还有烟雨迷蒙之中江南的局促与小家子气，以及拆建之中城市的庸俗与鲁莽。在他看来，“苏州是江南大于整体的部分，它占有江南不多的美，但患有江南不少的病”。“我在苏州生活，却从没有身居天堂的感觉。我一直寻找这种感觉，结果是别人的天堂，他们的城市。”在如我一样“到此一游”的观光客眼里，苏州是明丽妩媚的，而在车前子的眼里，苏州是一个逐渐被拆掉的苏州，“没有小巷，就没有苏州”，而“可恨调丰巷、土堂巷、富仁坊巷、诗巷这几条小巷都被拆迁”。那都是他小时候每日出入、玩耍的小巷，而昔日散发着书香的旧书店，也已无处追寻。当这些记忆随着物象的消无一同湮灭的时候，他甚至找不到依托，找不到家园了。苏州是他出生和曾经成长的地方，他却无法认同那里就是他的家园。这是一种悲哀吗？“我的故乡在苏州，大家一听，都会说好地方。但我好久没有感到它有什么好，拆迁得乱七八糟、乌烟瘴气，与任何一个城市几无区别。”城市的同质化进程有目共睹，而且在不断的拆迁与重建中还在不断地加速，千城一面的确已成为我们面临的共同尴尬。在外地人的眼里，尽管已被拆得面目全非的苏州城，因着小桥，因着流水，因着黄昏时分的迷离灯火，却也依然保留着几分自身的特质，而对于苏州人来讲，或许已是不堪忍受了。所以车前子说，苏州只适合外地人来玩，他已经难以与苏州达成和解了，“苏州真正的美丽，并不在园林，它在河，它在桥，它在小巷，它在临河的木结构酒楼，它在早晨的茅草顶茶馆……一言以蔽之，在日常生活。没有了。都没有了。美丽没有了。河是臭水沟，桥是水泥桥，小巷成为柏油马路。”

回眸观望，苏州的影像在他的视线里虽已有些模糊，但在他的内心里，我想他还是爱着苏州的。30年的光阴，就是生命不可抹去的点滴印迹，甚至，失望，抑或感伤，都是一种植入骨髓的爱。在书中，他少不了谈苏州的历史风物，少不了谈苏州的墨客文人，少不了谈被称为“韦苏州”的韦应物，少不了“苏州刺史例能诗”的白居易、刘禹锡，少不了“红了樱桃，绿了芭蕉”。他说：“迄今为止，我受到的全部滋养来自苏州，我受到的全部伤害来自苏州人。”在书中，他把苏州和苏州人也是分开来讲述的，他说苏州人嗜好窝里斗，他说苏州文人搞小了苏州，他说……谈及苏州人对自己的伤害，不知是否也缘于苏州人与他亦少了一份距离的美呢？

今天的他离开苏州，来到了北京，一南一北，比对两个城市，他又有妙语："北京是装神的城市，苏州是弄鬼的地方。"读到这里，我忍不住呵呵一笑。

我喜欢他以绘画的语言描述苏州，他说，苏州评弹由于表演形式的节俭，产生了一种意到笔不到的写意效果；莼菜的吃法如同饮茶，是工笔画一类的事，琐碎无聊；回忆补过的碗铁钉生锈在瓷片上褪色，浸染出气韵生动的效果，宛如一幅微型山水图；"白海棠花瓣洇着一层微红，像是调了粉的胭脂在熟宣上染出来的"；"盐在杨梅的肉身恍兮惚兮，随类赋彩，盐也粉红"……哈！敢情他在画画呢！是的，开篇作者的六幅写意小品确实给这小书增添了些许意趣。

（《苏州慢》，车前子著，北京大学出版社，2016年6月第1版，2016年8月第2次印刷）

2017年4月30日

南人北地话泉城

——读刘书龙编《民国济南风情》

“设若你的幻想中有个中古的老城，有睡着了的大城楼，有狭窄的古石路，有宽厚的石城墙，环城流一道清溪，倒映着山影，岸上蹲着红袍绿裤的小妞。你的幻想中要是这么个境界，那便是济南。”在我的记忆中，刘书龙和管萍编的《名家笔下的老济南》一书中老舍先生的这段描述，是关于济南最为活脱的印象了。与《名家笔下的老济南》《历下撷萃·历下名人游踪（现当代卷）》《历下人文·历下名人游踪（古近代卷）》等一脉相承，刘书龙先生此次编的这本《民国济南风情》依然将镜头对准了他所居住的济南城，对这一方水土再次寄予了深厚的热爱。

不同于《名家笔下的老济南》集纳了老舍、艾芜、石评梅、谢冰莹、唐鲁孙、季羡林等诸多名家的笔墨，这本《民国济南风情》辑录了众多昔日报刊中普通作者的文章——普通大众亦是历史和文化的参与者，在某种程度上，其所见所闻所思所想，或许更能反映社会的真实状况，接近朴素的历史本色。至少，这些文章为读者以及济南历史和文化的研究者提供了新的、不同的视角。

不同于《名家笔下的老济南》中有很多“名家”（像老舍、季羡林先生等）曾长居于此，对于济南的春夏秋冬、气质秉性已了然于胸，由此也对济南城产生了深深的喜爱和眷恋之情，这本《民国济南风情》中的作者，大都走马观花，浮光掠影，很多是路过此地，“捎带脚”到此一游，一日或半日，来去匆匆。初次到访者多数将目光聚焦在了大明湖、趵突泉、千佛山这三处名胜，所讲所述大同小异，因此读来略有繁琐重复之感。再加上这些文章多数选自报刊，总体给人较“浅”的感觉——当然，想象昔日这些短文散见报端，想必也应符合大众口味。

在这本书中，我发现很多作者是南方人，南人到北地，自然有着一些新鲜的感受，带来一些新鲜的视角。有异于北人，尤其是长居济南者对当地的印象，这本书中的很多人初来此地表现出了不适应或不习惯，他们与自己的故乡或历史经验相对照，有很多“看不惯”。余群生游过大明湖，感叹说：“杭州西湖，我玩了四年，到现在愈想愈妙，但我第一次——中秋——逛明湖，于失望之中——身临的不是理想的——还有几分安慰，因从百万黄尘的北京出去，一见顿觉襟怀一新，所谓‘慰情聊胜于无’。”这话还引来寄柳隅先生关于南北两湖的比较：“西湖秀，明湖真。西湖华，明湖朴。西湖活，明湖滞。

西湖智，明湖愚。西湖婀娜，明湖浑健。西湖《红楼》，明湖《水浒》。西湖杜工部之律，明湖白乐天之歌。西湖城市之闺秀，明湖乡村之小姑。”在他眼里，大明湖初看是湖，再看是河，再看是“荒塘滥田”，再看，索性就是“明沟”了。读到这里，未免沮丧，有大好一片风景生生被他糟践了之感。而“糟践”泉城胜景的，还偏偏不是他一人，倪锡英慕名到得趵突泉，发现与想象的适得其反，非但没有一丝清幽之气，还是一个十分喧闹的市场，游亭、假山亦显世俗气，“一切都是乱糟糟的”。吴乃礼对照《老残游记》的“家家泉水，户户垂杨，比那江南风景，觉得更为有趣”，称自己在济南，只见泉水，未见垂柳，“除去通衢的马路之外，其他街巷既窄且秽，石路又凸凹不平，‘觉得更为有趣’这句话，仿佛稍欠忠实”。一位署名“旅客”的作者来到北极阁，发现“所谓‘阁’者，乃是数十层石阶上一座破庙也”，于是“乘兴而去，败兴而返”。伍受真戏言“千佛山头无一佛，大明湖水不成湖”，亦是一番失望。容若写到大明湖漫天要价的船夫，说“这和杭州西湖舟子的温文诚恳相去很远，其根本原因则因杭州游客多，舟子生活充裕稳定，所以性情也好；明湖的舟子则艰窘异常，天天作意外获得的梦，既难如愿，因而对于游客常怀有一点隐藏的敌意。‘仓廪实而知礼节’，从这儿也看得出一些。”在那里，野萝太郎观察到，“中下阶级之人，均不好洁，女子尤甚，仍保持十余年前北方风气，常人家中，虽夏日无置浴盆者，其情形可想见矣”。“省垣民性，似极柔顺，官厅之命，受之惟谨，绝无反抗。车夫辈受人掌击，无论曲直，不见开口，还手更无论也。足见北地同胞，由来屈于专制及军阀铁蹄下，受毒深矣。”

当然，各人笔下所言，又都跟彼时各人的经历际遇有关；每个人的游览都是个性化的，有时亦带着明显的个人偏爱。在《名家笔下的老济南》中对济南的风土人情赞叹有加的芮麟，在这本书中依然对包括济南在内的山东人竖起了大拇指：“山东商人的谦和，招待得周到，在江南是从来见不到的！民情厚薄，即此可见一斑。”欧阳芬冬也说：“山东人实在是很老实，就拿车夫来说吧，很少向乘客敲竹杠，这使我很满意济南的风气。”韦润珊在济南街头看到那里的黄包车夫不同于南京、上海、杭州的，无一赤足而尽穿鞋袜，认为“诚哉文化礼仪之邦也”；在崔万秋眼里，“大明湖的风景便是诗，便是画”。翼翼眼中的大明湖和西子湖，一个是淡妆的乡村姑娘，一个是艳服的都市女郎，各具魅力。柳嫣“站在几十个洗衣妇当中，看着几十个赤足的挑水夫，一桶又一桶，蚁阵似的，在石埠上往来蠕动，觉到这根本和江南的小河埠头毫无差别”，虽发出“哪里去领略名泉的风味”的感慨，但谁说此番情景不是济南泉融于城、城融于泉、“济南潇洒似江南”的真风采呢？如野郎太萝所见，“济垣之泉眼甚多，北城一带，往往石板地下，即流水潺潺，附近居民多有就而浣衣濯物者”。倒是今日此景不再，才不失为遗憾呢。杨立范站在千佛山上，“北顾黄河，风帆隐约；南望众山，环拱攒矗。俯瞰城郭，烟树万家，阡陌纵横，宛然画图，信所谓名胜地也”。这恐怕才是不虚此行。

名胜之外，人们对大明湖旁的图书馆，可跑汽车、亦可散步的宽阔城墙，以及周边的华不注山、龙洞佛峪等亦多有关注。在他们笔下再现了古城济南昔日的景观。谈及济南的城墙，一位叫“露”的作者说：“还有引起我兴叹的，是古老的济南城头，那上边不像别处那般窄地仅能容人稍立，或远眺闲步，它吗？却是平坦的宽大马路，供阔人们的汽车在上边兜风呢！”读罢顿时想起梁思成设想的北京城墙：“城墙上面，平均宽度约十米以上，可以砌花池，栽植丁香、蔷薇一类的灌木，或铺些草地，种植草花，再安放些园椅。夏季黄昏，可供数十万人纳凉游息。秋高气爽时节，登高远眺，俯视全城，西北苍苍的西山，东南无际的平原，居住于城市的人民可以这样接近大自然，胸襟壮阔。还有城楼角楼等可以辟为陈列馆、阅览室、茶点铺……古老的城墙正在候着负起新的责任，它很方便地在城的四周，等候着为人民服务，休息他们的疲劳筋骨，培养他们的优美情绪，以民族文物及自然景色来丰富他们的生活。它将是世界上最特殊的公园之一——一个全长达 39.75 公里的立体环城公园！”诗意，邈远，富有生机、底蕴和浪漫气息。可惜，如今都已是梦幻泡影了。

由于这些文章大多出自 20 世纪三四十年代，作者笔下的济南城大多还是旧中国的凋敝景象。街头之上，有坐车的阔太太，拉车的“祥子”，穿着号衣、带着锁链游街的囚犯，也有涂脂抹粉招揽生意的妓女；店铺门面之中，有本邦的生意，亦见几近半数的日本经营，书中更有作者遭遇日本旅馆不许中国人入住的屈辱经历；而明湖边上，穿着破衣烂衫乞讨、讲价，乃至于“讹诈”外地人的事情，按照该书作者所述，也屡有发生。这些行为除令人嫌恶之外，偶尔也勾起游客的悲悯心。必如周立人听了一位苦命小姑娘的讲述之后，感觉到的是“人类生活的十字架的悲怆”；战乱年代，亦有人忧国忧民，王猩酋考察西门大街和芙蓉街的店铺所售，发现“土产很少，什九为外国货。这种现象，只是越繁华，国越亡得快。可是未免看一看国内几个大商埠，如天津、上海、汉口、广州等处，所谓繁华热闹，无一非外国商品之堆积。亡国现象，真令人痛哭”。

总之，游览者对于济南城褒贬不一，所见所闻不尽相同。在他们笔下被称作“泉城”“水城”“诗城”“士之城”和“小江南”的济南，虽各自有一番风采，但如前所述，不同于听惯了的溢美之词，游览者在这本书中对于济南的微词、异见也颇多，令我开了眼界。而编者刘书龙先生自始至终只是幕后一个忠实的呈现者，他以不偏不倚的态度，让历史再现它本有的颜色。作为一个客居但热爱济南的人，他能客观地编选历史章节，也属不易。最佩服的，是其严谨的考究和治学精神。他带着对泉城济南的爱，在故纸堆中搜索、查询，不仅将民国时期的大报小刊翻了一个遍，集纳了天南海北的济南游记，而且对每一篇文章逐字作了勘校，既保留了历史刊载的原貌，又对错误之处在括号中作了标注，个别处标明“此处删略”多少字，对历史保持了客观、诚实的态度和应有的尊重。这是一份默默无闻的工作，而这工作顾及了社会利益，对济南文化的发掘无疑是一份独特的贡献。

此书在泉城读毕，倒是应景。

（《民国济南风情》，刘书龙编，线装书局，2016 年 5 月第 1 版第 1 次印刷）

2017 年 2 月 1 日

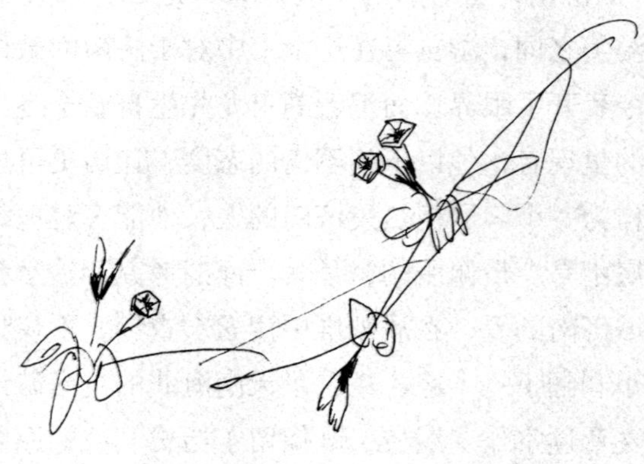

一线更为广阔的天空

——读沈从文《中国人的病》

不同于《沈从文散文》的旁观和散淡，这本《中国人的病》呈现的是沈从文先生更深一层的内在思考，编者称之为“人生随笔集”。其中虽仍有着一些沉郁的情绪，但更多的是冷静的思考。

人是无法脱离时代的，特殊的年代，虽未加入任何团体，以笔墨为生的沈先生也曾一度搁笔，躲避到对文物的研究中去了。如他在本书的一篇文章中所说：“什么是文坛？不过是现代政治下的一个缩影罢了。”面对极大的政治压力，文人不外乎两种选择：一种是不写，一种是胡写。两种选择对于只会以真诚的姿态付诸笔墨的人来说都是痛苦的事，但不写比胡写毕竟还要容易得多——所以他将自己的注意力转移到了古代服饰研究。“胡写”的人，在他看来，因过分加重了道德观念责任，而忽略了创作一个文学作品必不可少的情感动力，在写作时首先想到的是政治效果、教育效果、道德效果。更重要的是，他们所写的有时还是某种少数特权人物或多数人‘能听爱听’的阿谀奉承。“他乐意这么做。他完了；他不乐意，也完了。”这是他对历史的深切回望，也是对文人命运的深刻反思。作为一个感同身受的文人，他期待一个更加包容和开放的环境，每一个生命都能从各个方面充分吸收世界文化成就的营养，让各种新的成就彼此促进和融合，形成国家更大的向前的动力，“让人不再用个人权利或集体权利压迫其他不同情感观念反映方法。这是必然的，社会发展到一定程度时，会有这种情形产生的”。知识者，总是走在时代的前面，而恰恰又是知识者，最易在时代的风口浪尖上遭遇不幸。沈从文先生说：“事实上如把知识分子见于文字、形于语言的一部分表现，当作一种‘抒情’看待，问题就简单多了。因为写作其实本质上不过是一种抒情。”这是他由衷的心声。他看到的文人本质，是五四时期文人的天真和勇敢，是一种不可丧失的风骨，相对于经济政治，文学和艺术似乎有着更加超越的气质和更为隽永的生命。

不光关注文人、文艺，他还关注女性教育、社会发展。原刊于报刊的这些文章，多数被编者改了标题，但从《放大女性的生命和人格》《大学培养的“愚”，得想法节制了》《说到经久，帝国还敌不过一首七言诗》《读经与国民的道德建设》《知识阶级不应该沦落为政客的附庸》《多数人观念与真理相反》《国家的悲哀在于做人没有神圣庄严感》《用美与爱重造我们的家园》《将精力和信心黏附到民族发展需要上去》中的那些文字来看，处处都有他的深思和理想。那里的沈从文，已不再是写湘西吊脚楼的沈从文，虽然其中也穿插了些湘西往事，穿插了些在青岛和别处的异乡感怀，但都没有离开他身处其时其地为国为民的深刻忧思，文字中流露的，是锋芒毕现的见地和思想。

总之一改过去在他散文里所常见的沉默和温婉，《中国人的病》中所见的是不一样的沈从文。沉默温婉，或许是一种更强有力的语言吧。

《中国人的病》，是书的名字，也是内页的一篇同题文章。"中国人的病"所讲的是"中国人极自私"，这是中国人的通病。"支配中国两千年来的儒家人生哲学，它的理论可以说是完全建立于'不自私'上面。话皆说得美丽典雅，主要意思却注重人民'尊帝王''信天命'，故历来为君临天下的法宝。末世帝王常利用它，新起的帝王也利用它。然而这种哲学实在同'人性'容易发生冲突。精神上它很高尚，实用上它有问题。它指明作人的许多'义务'，却不大提及他们的'权利'。""不让作国民的感觉'国'是他们自己的，不让他们明白一个'人'活下来有多少权利。""目前注意这个现象的很有些人。或悲观消极，念佛诵经了却残生。"在他看来，"目前最需要的，还是应该从政治、经济、教育、文学各方面共同努力，用一种新方法造成一种新国民所必需的新观念。使人乐于为国家尽义务，且使每人皆可以有机会得到一个'人'的各种权利。合于'人权'的自私心扩张，并不是什么坏事情，它实在是一切现代文明的种子"。

他的呼声在彼时究竟起了多大的作用，就不得而知了。文人的力量究竟有多大，也不好测量。法国的萨特自小表现出文学天赋，幼小的他曾经以为文学能够救世；而当他五十多岁写自传时，文学救世的幻想已经破灭，但即便如此，他依然说："文化救不了世，也救不了人，它维护不了正义。但文化是人类的产物。"思想亦如此。时代的确应该给予"天真的"文人一线更加广阔的天空。

（《中国人的病》，沈从文著，新星出版社，2015 年 8 月第 2 版第 1 次印刷）

2016 年 11 月 27 日

见字如面

——读汪曾祺《汪曾祺书信集》

在我的印象里，提及书信，给人的感觉都相对比较真实自然，尤其是给家人的书信，在没有互联网的年代，那通常是推心置腹的正常谈心。所谓见字如面，书信更易还原书写者的真性情和彼时的生活场景，《梵·高艺术书简》《傅雷家书》和吴藕汀写给知音好友的《药窗杂谈》莫不如此。

而我至今还保留着满满一抽屉来自同学、朋友、师长、亲人的信件，闲暇的时候偶尔展读，音容笑貌即刻呈现，有父母的谆谆教诲，有老师的亲切叮咛，有同学的互通消息，有好友的知心恳谈，依然带我回到那个富有人情味的淳朴而又富于诗意的年代。

这是我第一次读汪曾祺先生的书信集。作为一介文人，信中除了少不了提及与编辑、出版商的来往之外，确实也有着在其散文集里所没有的新发现。在这本集子里，我看到一个比他的散文里所呈现的更活跃的汪曾祺。没想到散文中那个散淡平和的汪曾祺先生，于生活中却也如此活泼和幽默。他应邀去美国走访之时，演讲聚会交友，如鱼得水，于社交圈里竟也如此受欢迎，这和那个散文里的形象多少有着一些反差。而生活可能就是如此。人们常说文如其人，有时候，文并不能全面地概括和表现一个人。一个作家，在“文”之外，或许还有许多其他的面貌。毕竟，文字是死的，人是活的。而汪先生在国外受欢迎，我想还有两个直接的原因，那都是他的拿手好戏：一是他的厨艺。在美国，他时常给华人和留学生“露一手”，将家乡菜拿出来吊他们的胃口，难道这不是最中下怀的吗？二是他的文人小画。出国之前他就带上了，分发给各路朋友，极受欢迎，到最后竟然被一抢而空。而他自带笔墨有备而来，现场作画分给朋友。不同于中规中矩的其他画家，绘画于他只是消遣，他说他的画从未定过润格，不被钱束缚，便得喜悦和自在。至少绘画为他赚得了极好的人缘。当然，画不卖，但也不滥送，画画的人都是有性格的。他在给“古剑兄”的信中说：“香港作家如愿要我的字画，可通过你来索取，但要你认为索字画者不俗。”

既然是书信，还少不了一些家长里短和生活细节，而正是在这些生活琐碎的细节之中或许才最见真性情。在给妻子的信中，他谈自己在外的见闻和经历，讲自己在哪儿演讲了、说了什么、效果怎样，像工作思想汇报，当然，信很家常、很交心，聊天不怕啰唆。有时他将演讲稿寄回，嘱咐妻子妥善保存，说日后著文时可能会用；有时在信的末尾还会说：“为了你，你们，卉卉，我得多挣一点钱。我要为卉卉挣钱！”有时在外赶稿子，他向妻子交底：“赶写十篇，就是为写而写，为钱而写，质量肯定不会好。而且人也搞得太辛苦。”他看好黄永玉，在黄永玉名不见经传的时候就给老师沈从文写信恳请其对黄永玉鼎力相助：“他年纪轻（方二十三），充满任何可以想象的辉煌希望。真有眼光的应当对他投资，我想绝不蚀本。若不相信，我可以身家作保！我从来没有对同辈人有一种想跟他有长时期关系的愿望，他是第一个。”“黄永玉不是那种少年得志便癫狂起来的人，帮忙让世人认识他的天才吧。”果然，黄永玉在后来于艺术的道路上取得了成功，在这件事上我们也同时看到了汪曾祺先生的眼光和爱才惜才的迫切心情。

除此之外，这本集子还收录了汪先生与巴金、黄裳、范用、邓友梅等一众人马的通信，信中谈到聂华苓、张充和、林徽因、费孝通、老舍、李健吾、郑振铎、叶圣陶、贾平凹、邵燕祥、王蒙、陈映真、蒋勋、杨振宁、李政道，私下里也涉及各自性情。爱画画的他和蒋勋合得来，因志趣相投，相谈甚欢。在信中他谈写书出书，谈版税销路，谈印数太少出版社会不会赔本，谈在台湾出、香港出、大陆出还是海外出等等。一个作家、艺术家，或者说一切从事创造性工作的人或许都不愿意被别人指称自己“像”谁——效仿是艺术的天敌，个性是艺术的生命。在给“志熙同学”的信中，看得出来，汪曾祺先生在努力廓清自己在风格上与沈从文先生的师承关系，他说：“我和沈先生的师承关系是有些被夸大了。一个作家的作品是不可能写得很‘像’一个前辈作家的。至于你所说我和沈先生的差异，可能是因为沈先生在四十年代几乎已经走完了他的文学道路，而我在四十年代才起步；沈先生读的十九世纪作品较多，而我则读了一些西方现代派作品。我的感觉——生活感觉和语言感觉，和沈先生是不大一样的。”在信中他还谈到自己的家乡高邮，他与高邮的关系若即若离，似乎有点微妙：“我觉得高邮当局对我这样一个略有虚名的人有点吞不下又吐不出。”“他们对我一直是‘实则虚之’”，再加上“我家的房子不知为什么总不给解决”，看来汪先生内心还是有点意见。但他在心里又是惦记着高邮的：“我是很想回乡看看的……如果由高邮的有关部门出函相邀，我就比较好说话了。”最后他在给戎文凤市长的信中索性直说：“曾祺老矣，犹冀有机会回乡，写一点有着家乡的作品，希望能有一枝之栖。”

不知最后，他的愿望是否实现了？一切人事，俱往矣。而今日的人们，也早已少了一些见字如面的坦诚、亲切与从容。

（《汪曾祺书信集》，汪曾祺著，上海三联书店，2016 年 9 月第 1 版第 1 次印刷）

2017 年 5 月 1 日

在乌镇，邂逅木心

——读木心《琼美卡随想录》

坦率地讲，读木心《哥伦比亚的倒影》并未留下十分深刻的印象，之后再未买过他的书。看到乌镇木心美术馆陈列的他的诸多著作，也本没有要买的打算，然而，在展厅的二楼看到他狱中为节约纸张正反两面手书的密密麻麻、字小到几乎看不见的文稿和他对待这手书的态度，我还是被深深地震撼了，所以，离开时又买了他的这本《琼美卡随想录》。再读，想必会有不同吧。

初见他的手书，瞬间被那些小到不能再小的蝇头小字吸引并被勾起无限的好奇心：为什么写这么小的字？他的性格很内向吗？听到工作人员说这是他狱中的手书，再看墙上的简介，遂恍然大悟。

自 1970 年 8 月至 1972 年 6 月，木心被单独关押四次，最后一次囚于积水的防空洞中。在《琼美卡随想录》一书里，那处防空洞被他称作“地牢”。在狱中，他以写检查为由，得到纸和笔，写成手稿 66 纸，正反共计 132 页；虽有划改，但写得满满当当，纸面能利用的空间都被利用了，没有一丝的空白和浪费，边角处由斜线隔开简单标注页码。据说手稿写就之后，被他陆续缝入棉裤，从而避过搜查，日后带出囚室，托付朋友保存。1982 年，他移居纽约；1991 年，友人完好无缺地归还手稿。2001 年，耶鲁大学美术馆为其举办个展，该手稿曾与其他 33 幅风景画一同展出。

如馆内的简介所说，这批手稿的书写过于密集，每一字迹都小于米粒，加之纸质薄脆、岁月侵蚀，历四十余年，今已无法辨认。事隔多年，连他自己也已辨认不清写的是什么了；经友人促请，才勉为其难，录出其中的五篇散文，分别题为《名优之死》《路人》《小流苏》《谁能无所畏惧》《幸福》。今天，这些手书虽已模糊不清，但在彼时，想必是融入了生命发自内心最赤诚的述说吧。他说："犹豫久久，最后顾虑到不要牵涉'潘多拉的盒子'，只好迫使自己录出数则。因为茫茫无从挑拣，这些是从全文的连贯意绪中硬割下来的一鳞半爪，不足以想见其母体结构为何物。"

趴在展室的玻璃柜上聚精会神费力地辨认，依稀仍能看出"生存""痛苦""自尊自鄙"等字眼，而我，就是于那一个时刻被深深地触动了：一个身陷牢笼之人，在来之不易的纸上一笔一画写出这些字句的时候，是一番怎样的感情和心情？虽然我还未及细究他坐牢的缘由，但刹那间却已禁不住感叹，牢房禁锢了身体，为何无法禁锢心灵？被他在《琼美卡随想录》

中称作“文字狱”的地牢，为何没有使他长记性，又成为了他继续书写的地方？文人，知识分子，真的难逃自身既定的命运吗？

而他本人，又是如何看待这些手稿的呢？

在与旅美学者童明先生关于狱中手稿的对谈中，木心说，这部手稿并非就是一部文学作品，它也非书法绘画符码讖图。别的艺术以其“是什么”而入品类，此手稿却以“非什么”而取自立。它宁系属于视觉艺术的宽泛范畴，在既成的有定义的艺术门类中，似乎未有与之同性质的例子。别人的手稿都可解读，作者也是冀求被解读，他的这部手稿已难以解读，他也不希望得到解读。他说，文字失去了意义，有什么可怕呢，也许倒是值得庆贺的。他不会让这部手稿用来作任何意识形态的抗衡，而愿它以朴素原型获得存在的位置，独立自守于无以名之的观念静态中。黑格尔在他的《小逻辑》的序文里，不经意地说了句“艺术是伟大的直观”，是的，艺术就在于直观，而且只在于直观。雅典文化全盛时期，是彩色的希腊，我们瞻仰的神殿废墟，是单色的希腊。敦煌壁画云岗石雕的兴起是宗教的弘法，现今作为艺术来欣赏，是美学的关照——当事物的第一重意义消去之后，可能有第二重意义出来，往往是第二重意义更深远更近乎事物的本质。他喜欢且也习惯沉醉在第二重意义里。他毕竟是一位艺术家。艺术家，必然有着独立、超然的性情，这性情，在他的这番自白中显而易见。由此我联想到他文字的“淡”，这和他的观念性情亦有着必然的关联吗？虽然，这“淡”在过去并未给我留下太过深刻的印象，但我却知道，世界上还有诸多有价值的存在是我们所不了解或尚未了解的。或者永不被了解，也是有可能的。在这种意义上，我尊重这些存在。而事实上，人们有时候根本不知道会在哪里遇到自己的知音，正如我们走出木心美术馆时，听到有一位参观者说，是一位木心的热爱者建的这座美术馆。事实怎样，不得而知。

我买来的这本《琼美卡随想录》，是木心写于英国琼美卡住处的随笔集——三五百字、七八百字的短篇小文，多为脑海中瞬间掠过的想法——其实文章真的不必很长的，如叔本华所说，智慧的思想和语言从来都是清晰简洁直抵核心不需赘述的。重读木心，文字虽依然简单平淡，但简单平淡中却也有独立的见解和自己的偏向，在对文化、艺术的评点和世事的看待中透着艺术家的随性。他相信本能、直觉冥潜于灵性的最深层次。真正的文学家、艺术家大概都是相信本能和直觉的，因为本能和直觉就潜藏于他们的体内，与生俱来。从文艺的视角，他认为“希腊神话是一大笔美丽得发昏的糊涂账，这样糊涂这样发昏才这样美丽”。从文艺的视角，他笃信人格即风格，对现世撇开人格狂追风格的行为不屑一顾。从文艺的视角，他热爱趣味人生，宠爱“书卷气中透出来的草莽气”和“草莽气中透出来的书卷气”。从文艺的视角，他也更喜欢“天真相见的文学”，喜欢格律诗中的“最上乘者”——那些率性逾格越律的作品。他的文字，仿佛有些跳跃，言语中似乎闪烁着诗的特质。

然而，不知是沧桑的经历还是艺术家的天性使他于随性之中，对于现实又多了一些逆向的思考和怀疑，带了几许悲观、反叛的色彩和倾向。他甚至认为“怀疑主义者其实都是有信仰的人”。以怀疑的眼光，他说，传记、回忆录，到头来不过是小说，不能不、不得不是写法上别有用心的小说，因为文学是不胜于表现真实的，因为真实是没法表现的，因为真实是没有的。“中国现代文学史，还得由后人来写，目前已经纂成的，大抵是‘文学封神榜’‘文学推背图’。”他说，说中世纪黑暗，史学家们一起写它的黑暗，沉甸甸的史书中只字不提即使于中世纪也存在的一些真实温暖的细节。他说：“嵇康的才调、风骨、仪态，是典型吗？我听到‘典型’二字，便恶心。”他说：“艺术家的爱国主义都是别具心肠的。”总之他在提醒人们独立思考，不要人云亦云，文学家更应着力补一补史学家的不足，以免上当受骗。是的，我们的确应以怀疑的眼光读历史、读文学，读前人在特定历史环境和心态下写成的一切文字，再结合自己的所见所闻、所思所想，作出自己的独立判断。当他说道：“其实世界上最可爱的是花生米。若有人不认同此一论点，那么，花生酱如何。”我的内心忽然有了一种说不清楚的复杂感觉，玩世吗？虚无吗？绝望吗？彻悟吗？耐人寻味。在其中的一篇文章中，他的确自嘲自己是一个“很好的悲观主义者”。相对于浮躁的今人，他似乎更倾慕古人，有种怀旧复古想“回去”的冲动：“‘三百篇’中的男和女，我个个都爱，该我回去，他和她向我走来就不可爱了。”对于给蒙娜丽莎安胡须之类的怪诞行为他是无法容忍的，从中他仿佛看出人类“从有情到无情”的轨迹。“试看古潇洒，值得频回首。”而逝去的，却再也无法复返了。

对于狱中的生活，他有所提及，但轻描淡写，有些事情显然给艺术家的审美人生投下了无法磨灭的阴影，使他的文字闪烁其词，每有隐喻，但面对无力改变的沉重历史，还是不要期望当事者念念不忘、时时重温了吧。

（《琼美卡随想录》，木心著，广西师范大学出版社，2006年6月第1版第1次印刷）

2016年6月11日

简淡虚无，人生若梦

——读木心《素履之往》

读了《素履之往》，便更觉得一本《哥伦比亚的倒影》是不足以了解木心的。遥想几年前通过《哥伦比亚的倒影》初次接触木心，这位艺术家并未给我留下太过深刻的印象。在我彼时的记忆和视线里，他就如一阵轻风拂过，并未留下太多的痕迹。然而去年，在位于乌镇西栅的木心美术馆邂逅他的生平和事迹，他的思想和文稿，顷刻间深深地震撼了我。从此再读他的作品感觉便截然不同。

或许，木心美术馆展示的他狱中手稿旁边墙上的一句话最能代表他对待文学、历史和人生的风格和态度，他说："我不会让这部手稿用来作任何意识形态的抗衡，而愿它以朴素原型获得存在的位置，独立自守于无以名之的观念静态中。"那是一份骨子里的淡定与独立。他的文字里，也处处潜藏着如此的"朴素原型"，想必那是他独立人格的支点，是其获得自尊与自守的一种固有的方式和姿态。

回望过往，历史的尘烟茫茫然难以穿越，我们无从知晓究竟有多少个问号留在了多少人的心中，有多少苦痛和彷徨困守了多少心怀正义、良知和美好愿望的人。在这滚滚的烟尘与纷扰之中，在这潮起与潮落之中，在这人声鼎沸和嘈杂聒噪之中，到底有多少人真正不为所动，保持了清醒的思考与认定？在木心的文字里，有着一种简单和平淡，淡至虚无，以至人生无有意义。“生命好在无意义，才容得下各自赋予意义。”这是从终极的角度来看，人生如戏，或如梦吗？

他的书里引有一则故事，是说某人偶遇恩人，欲报救命之恩，告其妻曰：“此活我者，何以报德？”妻曰：“偿缣千匹可乎？”曰：“未也。”“二千匹可乎？”“未也。”妻曰：“若此，不如杀之。”他在书里引用另一则故事：甲与乙斗，丙支持甲，丁支持乙。后来甲乙议和，第一条款是诛丙、丁。阅读至此，未免咋舌。然而，人性有时就是如此，变幻莫测，在深处隐含着不可知的荒谬性。由梵希乐的诗“你终于闪耀着了么 / 我旅途的终点”，木心感慨道：“这是诗，是艺术，而人生的实际是什么都不闪耀，乃为终点。”谈及命运，曾被命运百般折磨的他对命运的“最终诠释”亦是“无所谓命运”。谈及他所看重的自尊，他说：“在宇宙中，人的‘自尊’无着落。人，只能执着于‘自尊’一念。”这是佛家的“如露亦如电”么？——木心先生就是如此静定地待在一处，看人性，看冷暖；人性、冷暖看尽，才有了他的淡定与虚无吧！人性如此，人生如此，那么自然呢？“我认为在细节上大自然看起来不是徒劳——大自然整个是徒劳。”这是虚无之中的大虚无吗？徒劳与虚无，异曲同工，殊途同归。就如今天，我们已然找不到木心，找不到彼时那个或挥笔或坐牢，或于纽约街巷的闲谈间给大家讲授文学史的木心了。正像他的文字所预见的那样，他留下了他的文字、绘画，回到了他的终极意义，那永久的虚无之地。

好在从这些遗世的文字里，我们依稀仍可辨认出他的形貌：一个人的形貌举止，某种意义上仿佛又是由其精神世界构筑的。像萨特在著述《文字生涯》时，就知道自己会得以重生——如果不是如此，他的话语、言谈何以会跨越时空与我们相遇？像莎士比亚，在写十四行诗时，就知道他的生命将和他的诗歌一起永恒。木心先生，也是以一颗严肃的心灵对待艺术和文学的。正如司汤达所说：“真的爱是不笑的。”他说：“自然界中任何美丽的东西一律是十分严肃的。”他以严肃的态度界定文学家和文学活动家，认为“文学家主写作，写作以外的活动，即使是‘文学活动’，意义也平常——但出现了专以文学活动取胜的文学家。也好，文学的归文学，文学活动的归文学活动。一种叫文学家，一种叫文学活动家”。这段话写出了彼时的文学生态，也写出了当今的现世相——当今就是一个文学活动家满天飞的时代，用木心的话说就是：“整个文坛以文学活动家为主。”他反感“五四”迄今“一种文艺腔换另一种文艺腔”的文学发展过程，无论是洋腔、土腔，还是洋得太土或土得太洋的油腔，他都反感：“‘文艺腔’之为

‘文艺腔’，每次都弄得有‘腔’而无‘文艺’，大家纷纷追求‘腔’；一旦‘腔’到手，便登堂入室坐交椅。”在他看来，“臻于艺术最上乘的，不是才华，不是教养，不是功力，不是思想，是陶渊明、莫扎特的那种东西”。对于主义、派别、归类等等这些人为的区分，他也以严肃的态度指责或批判：“文学、哲学一入主义便不足观……唯美主义，其实是一种隐私，叫出来就失态，唯美主义伤在不懂得美。”正如“文学观素来作为文学家的隐私才有其深意”。的确，这含蓄、低调之中，才有着一种“真优雅”吧。而媚俗，在他看来则是现代商业社会的宿命特征。“听命于主子而阿谀奉承的文化是婢文化。调笑大众，俏成俏散的文化是妓文化。”再看两者的走向与命运：“婢文化的取向是妓文化；而妓文化，没有取向，霉烂而死。”

从文学、艺术，到宗教、哲学，他进行了全面思考，“于宗教，取其情操；于哲学，取其风度。有情操的宗教，有风度的哲学，自古以来是不多的。越到近代，那种情操、那种风度越浮薄越衰微，只有在非宗教、非哲学的艺术中，还可邂逅一些贞烈而洒脱的襟怀和姿态”“大哲学家总是非常艺术的，大艺术家总是非常哲学的”“在与上帝的冲突中，‘我’有了哲学。在与魔王的冲突中，‘我’有了爱情。在不与什么冲突的寂静中，‘我’有了艺术”而“艺术是最虚幻不过的了，全凭人的领悟而存在”。

在日常生活的观察中，他也常有自己的新视角，比如他说："往常是'小人之交甜如蜜，君子之交淡似水'，这也还像个话，甜得不太荒唐，淡得不太寂寞。后来慢慢地很快就不像话了，那便是小人之交甜抢蜜，君子之交淡无水。小人为了抢蜜而扑杀；君子之交固平淡，不晤面、不写信、不通电话，淡到见底，干涸无水。"此为事实，有些理想，终敌不过时间的力量；他说："如果天性纯良，噩运损伤不了内心；如果天性纯良，会反弹出一种自卫力，即所谓'显出骨子来'。"此为真理，唯有天性纯良者自知。他说："寂寞的是，在生时，没有一个朋友。更寂寞的是，被理解的，都不可能是伟人。"这话似乎也有一定道理：如果人人能理解，那么人人是伟人了。然而，这是伟人注定了的命运和轨迹吗？当听到他说"强而智者，看得起他、看不起他，一样，他对别人也没有看得起、看不起"，我则是嗯嗯称是，频频点头。

叔本华说，语言不必繁琐，真抵核心即可。这本《素履之往》收录了木心先生的很多短小文章，以格言的体式出现，都是他的点滴思索："凡是伟大的，都是叛逆的。"（以叛逆成就伟大，这是世界的悲哀吗？）"'无为'是一种'为'，不是一种'无'。"等等，无法一一赘述。

如今的我也已知道，那推介是发自内心的，不仅仅是出于师徒关系，而是有着紧密的精神联结与传承。在个性的深处，两人似有相像之处。而自从有了与木心在乌镇的邂逅，我对木心也有了与以往不同的认识，于是在《哥伦比亚的倒影》和《琼美卡随想录》之后，我所拥有的木心的作品中又有了这本《素履之往》。

（《素履之往》，木心著，广西师范大学出版社，2007 年 1 月第 1 版第 1 次印刷）

2017 年 2 月 12 日

散文之大，充实而有光辉

——读穆涛《散文观察》

穆涛先生是我在鲁迅文学院的导师。他任常务副主编的《美文》杂志是“大散文”的策源地，他本人则是一位优秀的散文家、茅盾文学奖获得者。买来他的《散文观察》用于学习也就是自然而然、顺理成章的事了。我期望通过阅读领会他的作品，对自己多年的散文创作重新进行审视，对时下的散文生态多一些了解。

大与小

在书中，穆涛先生强调了散文的非体制性，即自由表达。他说：“如果说，所有严肃的文学写作都具有非体制性的倾向，那么，散文的‘非体制性’则是最彻底的。它不仅在精神上表现为对主流思想（道统、理法）的疏离，而且在书写语体上实现了对体制文体的彻底拒绝和完全独立。”也许正因如此，再加上散文的真诚与真挚，我感觉散文是离我最近的一种文体，与生命合一。

借用孟子的“充实之谓美，充实而有光辉之谓大”，穆涛解释了《美文》的“美”和“大散文”的“大”。他说，“美”取的是充实，“大”取的是充实而有光辉。他以庄子为例进一步阐释了“美”和“大”、“充实而有光辉”，认为庄子的文章境界大，有一种对天地的敬畏，但取材又很具体，来自于具体可感的生活，因此有一种“开阔的实在”。而散文前面之所以加个“大”，是为了突出对当代散文的再审美。

他介绍了《美文》杂志主编贾平凹提出大散文的背景和大散文的两个指向：“1992年前后的散文局面以‘小抒情’为主，或安神或休闲，或花花草草，或一事一议一得。针对局面中的这种‘小’，贾平凹才提出了散文要‘大’。‘大’有两个指向，一是要大到社会生活中去，眼前要开阔。二是要大到作家肚子里去，肚量要大，胸襟要大，境界要大。”用穆老师的话解释，就是“写作空间要大，肺活量要大”。

总之，穆老师认为“散文要蹈大方”，“自古以来的大文章，动机先是大的”。散文应是“极高明而道中庸”的，“过于个体了，就是自娱”。当然，“大散文不是写长一些，而是指要关心社会进程，关心影响人类生存的大事或小事”。他说：“以前的地理杂记在经史子集里分类于史部，无体无例，重实录，重民风民俗，重考据。有情、有趣、有见、有识，且识是重头戏。有情无识，或情重识轻，就叫‘小’。”在他看来，鲍尔吉·原野写草原的散文是当今作家中最见功夫的，达到了物我两知、物我两忘的境界。

鲍尔吉·原野的散文我倒是读过几本，与其说它们反映社会生活、民风民俗，不如说它们体现了人与自然的贴心的感应与融入。老师所指的，是否是将自身生命放置于天地自然之中的另一种大视角呢?

基于对大散文的倡导以及对社会生活的注重，穆涛老师对纯散文（或叫艺术散文）、文化散文乃至游记均给予了批评，认为散文是讲述人生的，不是享用人生的:“无论什么文体，都不能去寻求纯而又纯的东西，无论长文或短章应在总体上求苍茫劲力，求浑然大成。”而作为文学杂志，坚守纯文学在他看来就是坚守旧战场。

“文化散文曾经热行一时，以至于到了文章中没有一两部典籍或相关的历史人物就少了深度与厚度的程度。这种在金子中寻找金子的做法让人担心，对旧金首饰的重铸与新裁不是一件简单的事情，事实上有为数不少的‘再生物品’远不及原生的。一个浅显的道理是，文化不是从书本中产生的，而是老百姓过日子长久沉积而成。”他说:“平常的阅读中，我最怕两种散文，一种是把散文写得深奥而故弄玄虚，另一种是对写作技巧的沉溺或文字的会餐。”

谈及游记，穆老师索性说:“做散文编辑时间久了，我的职业病是怕读游记:那真是活受罪。”读到这儿，我“扑哧”笑了。我想到不久前自己给穆涛老师寄去的几本拙作中就有一本游记，他在读时，是否也是活受罪呢？

当然，游记也不是断不能写，但是“游，是能看出水平的”。穆涛认为，古人的游记之所以写得好、文体优美、境界大，今人的游记之所以写不出古人那样的高度，症结都在心态上：“写游记用不用闲心，冒不冒闲气就是心态的差异。”过去的游记是官员写的，很多是在赴任途中，这就不同于一般游客的休闲或赋闲：“大任在肩，宏图即展，他的心态是自在饱满的，无闲心，无闲气。”读来还是很受启发。

而在游记的大与小上，他的观点是：“游记则应大就是大，小就是小，朴素地去写出事物的区别。游记中的大是易写的，小却难；只有内心境界大的人才会看到小，并写透小。其实人的日常生活也是这么个道理……”我的理解是，小中见大。

其实不光是游记，写作者的身边不尽是（或者说通常不是）每天都有惊天动地的事情发生，从平凡的事物中获得不平凡的发现，小中见大，或许才更见真功夫。

但总体上穆涛先生想要强调的是，散文不宜过于闲雅，“好的散文应多些人气，少一些闲气或仙气”。他不无讽刺地说：“关起门天真地写散文的人，不用划着小船去寻找了，你的家就是桃花源，‘不知有汉，无论魏晋’。万象在旁，生活在你之外，真实在你之外。”他由“闲庭信步”说开去，认为“一个人的个性里，闲和信并存才是饱满的”。“散文写到了金鱼的境界，也就不叫文学了。”

由此他倡导“行动着的散文”，他说：“走出书斋，走出圈子，走出私人后花园，于具体的生活中抒发思考一直是我们提倡的，也是大散文写作的一个重要方面。”这和《人民文学》主编施战军先生的观点如出一辙。施战军在鲁迅文学院讲课时曾形象地将当下的写作者分为三类：第一类是穿着拖鞋的写作者，足不出户，将笔和手机镜头对准室内花草或进行各种自拍，写出来的是小情小调；第二类是穿着皮鞋的写作者，应邀出入各种场所，凭借资料写出文化大散文，这是各种排行榜占尽了风头的风光的一类；第三类，也是最可敬佩的一类，是穿着布鞋或打着赤脚的写作者，其作品是“从土里长出来的”，只有这样的写作，才得了真气，才不会割裂人与历史、人与自然、人与社会的关系。他说作家要用天真去探寻，用初心扎到现实生活中，写出有趣、有光、保有天真的作品。好作品力大无穷。施战军先生也在批判，认为“近年来大家都在糊弄”，对生活本身懒散的观望，使得写作者们的视野越来越小，情节日益趋同。

谈完了自己的看法，穆涛先生又说：“给散文写作下定义的活儿不是写散文的人干的，因此对于不妥当的，读者和作者都别太去理会，权当街谈巷议，过一阵子就让风给吹走了。”虽然穆老师是在正话反说，但也的确让我想起前不久王蒙先生在鲁迅文学院的课堂上被问及怎么看待大散文、小散文、新散文时，他说他不知道；让我想起邱华栋先生第一次跟我谈起散文，将我的散文归于“新闺阁体散文”时我的一头雾水，以至于后来在互联网上百度才略知何谓“新闺阁体”。有时候，当某些概念被文学研究者或评论者讨论得沸沸扬扬之时，在一些写作者的头脑中实际是否又有相应的概念呢？写便是。至于被框定在哪儿，是否是别人的事？

当然，廓清概念，对于作家写作方向的选择和自我确认也还是有益的。

境界、格局与信仰

无论为人为文，穆涛先生都注重境界、格局与信仰。谈及境界，他说：“其实人生的境界，并不都在高处，大部分是散在平地上的。”他举出《东坡志林》中难得的世俗心和人间气：“文学是人学，最起码的一条，要懂得人生。”饱满的人生态度是非常重要的，“散文是一个人的生存记忆。活出了境界的人，写的散文自然会有境界”。此言不虚。“而文学作品的最高境界就是震撼人的心灵。”

境界之上，他又强调了格局：“我们一直在强调散文要写出境界，境界自然是重要的，但也很危险。像董桥说过的，一不小心，就变成了风花雪月，空无一物，或多愁善感。因而求境界的同时，建立内在的格局就特别重要。”但散文要写出内在的格局也是不容易的，他认为写散文需有眼光。散文的传统是言之有物，但现在的散文“抒情多，状物少，见识少，导致散文格局氤氲如江南的梅雨天，温吞湿热，含混不爽”。

关于境界与信仰，他认为："有大境界的人，不一定有大信仰。有大信仰的，也不一定有大境界。信仰和境界高度统一了，才有大善。"他对伪信仰提出警示："伪信仰是什么？是天天吃肉的人给自己书房取名叫什么什么斋，是头顶上开着花、脚下养着草。"呵呵。"文学作品写伪信仰的，就不必去说了。把信仰虚幻化的，像神灯一样挂在半空中，读起来也没有什么意思。"在他看来，"终极的信仰在心中，并不悬挂在头顶"。

当然，境界、格局、信仰本是浑然一体的，是长期修为的结果，做人如此，为文也是如此。如穆涛所说："散文要综合着看，要看套路、招式，看思索的深和表述手法的厚。写散文不易写成'黑马'，一招一式之间凭的是真功夫。好的散文作品不能猴急的。""散文浑实一些才好看，浑然是天成。我们有些散文出现强求和失真，在于着急的心态——有什么可急的，日子长着呢。""人是活精神的，散文要活起来也出精神……精神来自写作者诚实的态度，来自本真。"

个性与见地

正如有个性的人总是可爱的，有见地的人总是容易给人留下深刻印象，在穆涛看来散文也是如此。他说："文章要有个性，个性就是自己的性格。""有个性就是可爱"，"散文要'自己'，要有自己的看法，也要有自己的语言味。就像农家豆腐，有营养，还要有豆香”。他在评点王观胜与和谷的文章时说：“不以量取胜，而以清醒见功夫。他们的写作和多数作家区别着，而每一篇也和自己区别着，这样的写作让人尊重。”想起穆涛老师国庆节在回复我的祝贺短信时说的话：“心愿你写出有艳敏特色的大文章。”“特色”与“大”、区分度与辨识度，原本是他十分注重的啊。

那么特色是什么？“特色就是亮点，与众不同就是高度。”他认为“散文应该自以为是”。和五四时期的文学杂志作比较，他认为当今杂志千人一面，在个性和区分度方面远不及从前：“五四时期杂志的着眼点和落脚点也不在发行量或赚不赚钱上，着眼点在哪里，品位就在哪里。如今的文化人常说到‘浮躁’这个词，其实最浮躁的是文化呢。”

当然，在强调个性的同时，他又多次强调散文要有观点。他认为散文的核心是言之有物，有见地、有分量是最要紧的。“作家在文化上的重要价值是思想者，而不是别的什么。”他认为散文的三要素就是看清楚、想清楚和表达清楚。“思想是智慧。思想不是想出来的，是人生沉淀下来的精华，是舍利子。”“我们说文章水平高，多指深度。”而且散文的新也不在高处，而在深处。“好的散文遍地都是，在我们身边，随便找一个地方，向下挖，都会有出人意料的收获。”

这些话都因应了他自己的文章。在这本《散文观察》里，他主要讲观点，独到而富有见地。

朴素与奢华

正如他的淳朴曾给我留下深刻的第一印象，穆涛先生认为朴素也是文学的根本。甚至在他看来，“朴素不是修养，是骨子里的东西，是气质”。这和老师本人又是严格对应的。在他的观念里，朴素和修养甚至是对立的，因为他说：“修养不是朴素，而是奢华，做朴素是更大的奢华。如今有不少写乡村的散文是在做朴素，不是农家乐，而是城市大酒店里的‘绿色食品’。”这话说得形象而又贴切。

谈及文学、作家要复归到自身朴素的本位，他引用莫言的话说，文学不是替天行道的工具，作家不是为民请命的英雄。作为一本文学杂志的主要负责人，他呼吁文学杂志要有普通人的体温。

表达的深入浅出是他特别在意的。为此，他还以文学评论的艰涩为例抨击时弊：“如今文学评论里的一些‘学术术语’，包括一些翻译过来的词，读来很有点‘行话’的意思。只是这‘行话’，不仅读者不太懂，文学行内的人也不太明白。但现在的‘行情’是，评论文章里缺少这些术语就不学术。文学评论是给读者看的，要面对读者，要说让人明白、明了的话。”读到这儿，我又乐了。想起自己每月收到的文学评论刊物，很多都没有拆封，也是因为——看不懂。也许评论家的行话都是说给专业人士听的，那就让他们在他们的圈子里切磋、研究去吧。面对大众的写作者想必还是不宜取同样的路数，而是要说取之于大众、用之于大众的家常语言。前不久在电话里和陈建功先生还聊起这点，陈先生就曾语重心长地提醒我要到生活中去观察、记录，汲取灵感和智慧，从典型的大众语言中找到自我个性的独特表达。我听了颇为受益。穆涛先生则说："高僧只说家常话，大评论家的文章里是没有术语的，所有的语言都是他自己的。"

用一句话概括恐怕就是：说自己的话，说别人听得懂的话。"'高僧只说家常话'。高僧是说家常话的，修行中的小和尚才言不离经，手不离卷。"家常话就是深入浅出。在穆涛看来，"深入浅出这个成语，指的是非常高也非常难的修养境界"。"老僧的家常话达到了人生的至高境界，不可能人人说得了。"穆老师的文章，就是深入浅出的绝佳案例。

时代感与文学化

在穆涛看来，散文切不能与时代脱节，"散文是文学。文学的核心是人，是人在生存中产生的以及必须面对的一系列问题"。"一个时代的文学最基本的特点应该是写出时代感，从这个角度讲，散文还是平和一些好，多关心一点当下生活中具体的苦与乐、爱与背叛、希望和失望，这似乎是文学分内的事。"当然，"平和但不柔软，富于深度的同时又保持着透亮和明快"。即使文学的创新也非空中楼阁的"新"，而是基于生活的"新"，"文学求新的最可贵之处不在形式，而是思考生活方式的改变”。正如莫言在鲁迅文学院第三十三届中青年作家高级研讨班开班典礼上所说，每个时代有每个时代的作家，在社会巨变的背景下，思想的变化、人的变化是最宝贵的资源。

散文要写生活，但在穆涛先生看来，仅仅写生活又是不够的，还要写真实而有意义的生活，使文章保持“通透的灿烂”。“不真实，就难以超越。”而“一个人有怨气是伤根本的，一堆有湿气的篝火照亮的部分也是有限的。文学要深思熟虑，一个时代的整体水平有多高，文学的水平就有多高，划时代的文学要由划时代的人去创造”。面对大千世界和日常生活如何选取，采取什么样的心态，如何用笔，恐怕都值得用心揣摩。

当然，他是有所指的：“现在的新散文作家中有一种‘务虚’的倾向，写农村，是记忆中的，或理性中的乡村；写城市，则写咖啡馆、茶座，或街道上有一个孤独的人等等。这是一种诗意，但也是在回避现实，是美好的不着边际。”

在强调与时代同步的同时，他还主张散文要文学化：“真正的文学有深度，也有宽阔度。散文的手法要有突破和创新，更要有尘世感；一只脚可以云里雾里地摸索，另一只脚一定要踩到实地。”“尘世感是婆婆妈妈，是男女情长情短，但更重要的是人活着的不容易。一个人的不容易可能是小事，但一个阶层、一个社会的不容易一定就是大事。滚滚红尘指的是世道和人间的沧桑。”其中强调了悲悯与体恤，那的确是一个写作者不可或缺的。

“而文学的根本是生命力的燃烧。”因此要有“生活的本真和生命的激情”，还要有“宽敞的思维力量”。他说：“生活的本真和生命的激情是文学的原动力，《美文》欢迎这些既来自生活又源自心底的文章。”

当然，也许是看得多了，对散文写作文学性不足他也表示出担忧。“散文的软肋一直比较多，其中最软的一条就是在‘生活’面前直不起腰来：散文作家笔下的‘现实生活’缺乏个性观察，更缺乏艺术观察。”“现代散文史上有多处奇观，但在这个领域也缺乏大观。”对于“其言粹然，其言凛然”中的“凛然”，他的理解是人生的深度和艺术的深度。记得散文家梁衡先生说过，文章为思想而写，为美而写；思想之外，审美无疑是文学的另一个重要取向。

对于文学性的担忧实际也是对于文学本身的担忧。老师的问题也不时引起我深入的思索。针对文学的市场化、产业化，穆涛老师说：“我估摸着一个民族不能什么都市场，不能一锅端地都去‘产业化’……文学是一个民族血液里的东西，这个领域要是产业化了，成为‘完全时尚手册’，那后果谁能知道将会怎样呢？”市场化、产业化对于文化的摧毁有目共睹，这不仅仅是他一个人的担忧，实际上也是众多有担当的出版人乃至文化人共同的担忧。

他说：“大的文章一定要随时代的，俗话叫‘时代烙印’。”我在想，时代是写作者的大背景，没有错，但回顾文学史，是否也有超时代的、前瞻的写作者呢？有紧跟时代的写作者，是否就有超越时代的写作者呢？一个站得更高、看得更远的写作者是否也应怀有超越时代和时间的追求和眼光呢？在鲁迅文学院的课堂上，首都师范大学教授、北京斯拉夫研究中心首席专家刘文飞先生在讲“俄国文学地图”时曾谈到一个文学现象：文学家的座次随着时间的变化和时代的不同会发生变化。由此他也曾提出作家究竟该与时代保持什么样的距离的问题：作家要紧跟时代吗？在单向街书店的公众号上，西川在谈到詹姆斯·乔伊斯和《尤利西斯》时说：“但实际上，对于很多艺术家来讲，逆行是他生活当中一个重要的部分。如果你顺着一个时代的趣味写东西，你当然就会过得有滋有味。实际上，不同的时代有很多真正的作家、真正的艺术家、真正具有创造力的人、真正具有远见的人，或者是他往回看，他也能看得很远，这些人多多少少都有逆行的意思。”

穆涛老师说：“文学新时期以来，散文家一直注重向五四时期的作家学习，但差距很大，仅见着了肉，尚未见着骨头。今天的散文写作在整体意识上是落后于当下社会进步的节奏的。写亲情的多，写旅游的多，写周末休闲、家庭琐事的多，也就是说写‘大礼拜’的多，写星期一到星期五装载社会进程重量的少。如果一种文体不承载人生之重、社会之重，自然也就轻了。”如果说以上所提到的仅为个别现象，那么不足为奇，如果如老师所说，成了社会整体状貌，那么这又说明了什么呢？这本身是否也反映一种社会现状呢？

他说，相比而言，当下的文学状态是不景气的，“社会在全速向前进步，而作家们对社会问题的理解力和思考力落伍了，或者换一个稍好听点的词语，叫‘没有坐在第一班车上’”。我也在思考：造成上述现象的原因是什么呢？

他批评一些文集选择的视野过于狭窄，休闲气过重，从中没有看到一篇体现中国当下社会发展进程的文章。他提出散文应是发展的艺术，“它的离群索居和自以为是的年代应该结束了”。我也禁不住想：作家为何不介入现实呢？仅仅是作家本人的主观因素所致吗？

他举出一些反映现实的有一定深度的新闻报道，认为是“最佳散文”的备选。我对此则心存疑惑：新闻报道与文学之间真的可以画等号吗？新闻杂志与文学刊物的界限真的可以消解吗？从事了半生新闻职业、唯对文学情有独钟的我，今天面对新闻，内心仿佛只有一个声音，那就是离它远些、再远些。

我同意穆涛老师在书中谈及的“在场主义”“无遮蔽的散文”“敞亮的散文”“本真的散文”。但当读到“在场主义”的“去蔽”“揭示”和“展现”时，我也想到，直面黑暗是一个方向，感应、发展美是否也是一个方向？有现实的深度，是否就有诗意的深度？所谓“本真”，就是依着心的方向，那么“无遮蔽”也不尽是“接触黑暗”“揭示黑暗”，美中亦有隽永的东西、诗意的深度，对吗？

带着这些问题，我期待未来有机会当面向穆涛老师请教。

而当读到“赶路的人，都是有目标的。除非是散步者和逛街者”时，我皱了皱眉，而后又乐了：我怎么觉得自己就像一个“散步者”或“逛街者”呢？呵呵。

的确，这么多年来，我始终将自己界定为“业余写作者”，从心所欲，不为所限。我不知道“业余写作者”能否和“散步者”或“逛街者”画等号，但于写着的此时或彼刻，我确实没有“赶路”的感觉和明确的目标。那么，作为一个具体的作者，是否也应依从内心、顺其自然呢？

无形与有序

在书中，穆涛先生还针对散文的理论、观念以及谋篇、技巧等发表了自己的看法，比如他说，大美无形，“散文姓散，却最忌散”。散文有一种内在无形的秩序感，就像一个人的修养。在他看来，写散文就是一个人在说话，会说五方面的话就差不多了，这五方面的话分别是人话、家常话、实话、中肯的话和有个性、有水平的话。

对历史和古籍颇有研究的他，主张“学识厚道”。“读书人多好读史，眼睛亮一些的以为自己看出了门道，其实不过明白了些热闹而已……中国开始有独立的读书风气，往大里说不过百年的时间，与三千年的酱缸史比起来，不够弹指一挥间的，远没有熬到‘分庭抗礼，对面送座’的年份。”

在具体的写作技巧方面，他谈到了标题并进行了形象的比喻："我们是不喜欢有钱人显摆的，有学问的人在题目上最好也'低姿态'些，把'珍宝'藏入文章中，像过去的老财主把银两挖地三尺深埋进去。题目是文章的组成部分，且是重要的组成部分，要重视，要冠冕堂皇，同时也要自然合适。"想起前不久我有一组文章发给穆涛老师指教，穆老师看后说要发表在《美文》上，让我琢磨一个总题目。几日后，我来了灵感，一早给老师发去两个备选题目："总题目一：人类，正向荒芜走去？总题目二：文化的高原，文化的沙漠。"不料老师回复："这不太像文章题目吧，大早上的，你吓我。"他的幽默将我逗乐了，同时我也犯起了愁。好的标题，确实不好起。最后还是老师选择了一个具体实在的标题作了总题，他在微信里对我说："文章的题目，以滚雪球那种方式为好，具体，扎实，渐而大。再生动些，去概念、观念，否则有口号感。"他建议我找张爱玲的书，读读题目。这让我受益匪浅。

他提出，"自省的散文是难得的"，"作家写到一定的境界，就自信了……自信是要以充实做基础的，要有基本的审美。要是一门心思去求别开生面，而疏忽了基本，就会留下笑柄，更何言光辉呢"。

在书中，他还多处写到和贾平凹共事的点滴，诙谐而幽默。干什么吆喝什么，他在多年不曾间断的"稿边笔记"中时不时地呼吁读者："多给我们写些文章，也多买些我们的杂志。""新一年的邮局订单又报来好消息，虽不是风火暴涨，但倍增的订数既助长我们的虚荣，又宽慰我们的办刊恒心。”读到这儿，想起穆涛老师曾说过赠刊之事，我想我还是订刊吧，不劳穆老师赠刊了。支持，要用实际行动，以寄学生和同道的感情。新年已经过去一月，该跟《美文》联系一下了。

（《散文观察》，穆涛著，西安出版社，2009 年 12 月第 1 版第 1 次印刷）

2018 年 1 月 23 日、24 日、27 日

激情澎湃，热烈温煦
——读张炜《从热烈到温煦》

张炜的书评短小精悍，只将直觉和实质的感受提炼出来，将最富感染力和冲击力的部分提炼出来，两三百字、三五百字，却句句出彩，很有看头。而文学是断不可离开直觉的，文也不在于长短，言简意赅有时更可取胜。在提倡长文、散文篇幅不断拉长的今天，这意外的短小反而更显扎实，更见质朴纯真。

本书以评述域外作家、作品为主，列举了一大串名单，从欧洲到北美到日本，从中可以看出作家大致的阅读和思考历程并隐约窥见其成长与写作背景。域外文学对他的影响是显而易见的。他对每一位作家、每一部作品都有生动的把握和独到的判断，在他看来，《玩笑》是米兰·昆德拉情感世界中最成熟、最稳定的一次倾诉；略萨是不正经的，一正经就影响了才华的施展；托尔斯泰是“伟大”的代名词，“他多么偏激，可是他多么真诚”；屠格涅夫不如托尔斯泰厚重和伟大，可也因没有那么强烈的哲学意味和宗教气息而更易为人们所接受，人们的误解、偏激和损伤是贵族气的艺术家最容易遇到的；哈代能让笔下的一丝一缕都根植于土地，从中一点一点长出，而且让其永远都不离开那块不大的原土；萨特作为一个艺术、哲学和社会的综合体，最突出的不是才华，而是敏感与聪慧，是介入社会生活的巨大的勇气和激情，是一份真实有力的人生；天才的劳伦斯在一条荒芜的小径上倾注了极大的兴趣；雨果独自登上阿尔卑斯山巅，可望而不可即；茨威格有大师的力量，却无相应的色调和特质；欧·亨利不同于大多数技艺型的作家，他能深深地感动；那些像怀特一样的优秀艺术家，在经历了一切之后，剩下的最后一件珍宝就是倔强；托马斯·曼是一个超越时代的作家……赞美的同时，他也不惜批评，认为毛姆投好于大众的机巧损伤了他的艺术，L.B 走红的"文本"亦是虚假的文本，M.K 形式上的矫揉造作因囚禁了鲜活的生命而显露出内在的苍白。

他将诗人和诗歌单列了一章予以评述，瞄准诗人的激情、敏锐、命运和爱情，从诗歌中捕捉生命和命运的不安与无常、思想的深邃与轻快、人生的激越与灿烂。他说："诗人们简直囊括了人类所有的奇迹，是无法诠释、无法破解之谜。"在他看来，雨果一生爱了很多女人，但他更爱真理，爱自由，是"我们所能观望的诸多高峰之中最高的山峰之一"；紫式部的《源氏物语》则使他看到在文字乃至精神的历史中，几乎所有的"无为"之书都闪烁着夺人的光芒："它们是那样不可取代。一个纯粹的人，守住了一种品格的人，才会留下这样的文字。"评述的过程穿插着真知灼见，使他时不时地感慨："真正的浪漫主义诗人都是不自觉的，是生命的一种自然而然的挥洒。”“叙事的栅栏只能管束住一些弱小的生命，而真正强悍的生命只会踏破这些栅栏。他们是奔腾不息的骏马，可以驰骋于无边的原野，甚至登上山巅。他们不会以平庸的评论者所固守的尺度和范围去开展自己生命的舞蹈。”在《从热烈到温煦》一文中，他说，目光里更多的沉重、宽容和谅解使人们不约而同地从热烈走向了温煦：“‘温煦’只是外形，‘热烈’才是内核。他们可以沉湎于更深处，追溯到更久远。他们可以远比先前更为沉着和宽泛地追究生命中的一切隐秘，可以玩味和盯视内心里滋生的一切、它的全部。他们的爱会变得更为阔大和深远。”“一个从来没有过热情、勇敢和执拗的生命，怎么会走到真正的宽容和温煦之中、走到真正的谅解之中呢？”诗一样的语言，诗一样的哲思。

在中外对比与参照的视角里，他有着自己鲜明的文学观和矢志不渝的文学追求，有时也显示出逆流而上的决心和勇猛。在受西方文学熏染和滋养的同时，他亦保持扬弃的姿态，思考西方的书、西方的文学在给时下中国的写作与阅读施予了不可抵御的影响的背景下，如何对其有所回避，避免悉数接受。

循着文学的足迹，他以激动与崇敬的心情拜访歌德故居，来到佐藤春夫曾经的家，感受瓦尔登湖畔梭罗的小屋，每有所动，每有所得，忧郁的回忆中夹杂着时光流转、万物融合、时空交会的幻境与感怀，体会与自我联结的那一缕气息。站在梭罗的小木屋前，他感慨：“作为一个作家和诗人，梭罗并没有留下很多的创作；但是他却可以比那些写下了‘皇皇巨著’的人更能够不朽。因为他整个的人都是一部作品，这才显其大，这才是不朽的根源。一个用行动在大地上写诗的人，我们要评价他，也不必展读大地。”而想起歌德的《少年维特之烦恼》，他感到“如此饱满的情感只会来自一种写实”，技巧在这种写实面前是多余的。

在“文学散谈”一辑里，他谈论文学，针砭时弊，引起了我的许多共鸣。联想到自己演讲、座谈、解答、见面等诸多文学活动的疲惫和无趣，他自问：思想和艺术之类一旦化为商品，最尴尬的又会是谁呢？他说：“即使在美好的交流中我也没有感受到多少真正意义上的‘文学’。”回应人们关于“现在的文学已经听不到鸟叫了”的说法，他说：“一天到晚围着电脑和书本转，最大的生活空间也不过是几个朋友，所谓的‘文学界’，从一个场所到另一个场所，哪里还会听到鸟叫啊？他没有像过去的作家那样面对大海、高山和林野，走万里路的能力和志向一块儿退化了，我们不再知道也不再关心大自然，对给予我们生命的这个大背景已经浑然不觉了。”无论是气魄、眼光还是高度，当代的写作者与19世纪的经典作家相比，仿佛是两种截然不同的生命。他反对一味地从社会学的角度去分析作家和作品，而是强调作为一个很自然的生命去面对和欣赏：“其实只有朴实了、自由了，才能更真实地贴近这个作家，理解其作品的生命底色。”他提醒要防止一味依赖过去的经验和感觉进入惯性写作，而是要像海明威那样，努力忘掉老经验和老故事，避免复制以前的感动。他关心当代文学的发展走向，在谈到主观和客观时，他说：“艺术越来越‘客观’的同时，作家和作品也在变‘小’。”是啊，文学是与精神、心灵密切相关的事业，怎么可能没有主观呢？他还从读者现状（包括阅读氛围、阅读标准）等方面分析了当下与上世纪 80 年代截然不同的文学气场，对当下一味讨好读者、博得商业成功的娱乐性写作给予了有力抨击。他认为是阅读趣味和普遍的文明水准在起决定作用。这与不久前吴义勤先生在鲁迅文学院授课时所讲的观点不谋而合，吴先生说，读者的高度决定了文学的高度，培养读者是当前出版界的当务之急。而“娱乐至死”，却是一个势不可当的世界性潮流，“也许一部分读者不需要雅致的阅读，他们想得到强烈而粗鲁的刺激。对一部分写作者来说，文学离开了惊世骇俗，离开了来自各个方面的刺激点，就会同时失去自己的读者和强大的创作冲动”。在这躁动之中，文学作品中的文学含量和思想含量都同时在缩水。在全球的阅读水平都在“往下走”的时刻，张炜和吴义勤先生的焦虑无疑是可贵的。我赞赏张炜在书中所说：“当整个的文学潮流和精神潮流都在那儿宣泄，在那儿解构，在那儿写性和暴力的时候，有人在这个地方能够站住，稍微地停下来思考一下，不是个性吗？要有勇气从一个时期占主导流向的部分中独立出来。”而作为一个写作者，当读到“在物欲横流的世界上，杰出的作家在世界范围内都会是‘异类’和‘陌生人’”“在文学商品之河里，如果是出奇地下流与尖叫，也许一夜之间就会

‘走向世界’。如果不是，如果哪怕稍稍含有一点真正的个性与美，那么就极有可能等到‘一千零一夜’”，我也在旁批注：“不要想那么多，在我的脑中，无这样那样的概念和说道，享受文学之美、之乐、之爱，此为一切。”

当然，张炜在书中也简单剖析了这些“文学病”的根由，认为文学是当代生活的一个缩影，没有粗鲁的当代生活就没有粗鲁的当代文学。“一个民族的文学对完美没有一个执着的、永远不可解脱的向往和追求，从来不会走远。”从这个角度，他提倡中国的文学传统与欧洲对接，从欧洲的古典主义和保守主义传统中汲取营养。

全书的基调激情澎湃，一气呵成，淋漓尽致的气息洋溢在每一篇文章之中，使作为读者的我和他一起急促地呼吸。而这激情是我所欣赏的。正如张炜所说，“真正的艺术品总是生命激情的一次释放”，“超越是一种悟力，也是一种激情，它们二者的结合将创造人类世界真正的奇迹，创造永恒和永生”。一个写作者如果缺少了激情，也就缺少了支撑他持续创作和创造的不竭动力。而他作品里的那份真情和真气，也始终渗透在这恣意汪洋的激情之中，虽然有时也会感觉空泛而无所依托，但却仍是掉书袋所不能比的。

（《从热烈到温煦》，张炜著，人民文学出版社，2017年10月第1版第1次印刷）

2017年12月19日

第三辑

站在更高远处

我们必然会在人性与神性的融合交互中锻造生命，站在更高远处用不可阻挡的气息去穿透时光。

站在更高远处

——读罗曼·罗兰《死和变：罗曼·罗兰读书随笔》

他的激情总是恣意澎湃，他的胸怀总是宽广博大，他的灵魂总是慈悲仁厚，他的眼睛总是清澈明亮，他的文字总是超脱超拔……这些，都是我喜欢的。一早读罗曼·罗兰，总是被他文字里的热情和气度所感染。

他的读书随笔以人为线索，围绕作品从各个角度解读作家，带着强烈的个人气息。这当然少不了被他仰慕的文学巨匠列夫·托尔斯泰，少不了“人们永远把握不住的”诗人歌德和对他影响深远的莎士比亚，少不了和他产生过交集的维克多·雨果和卡尔·斯皮特勒，少不了他自己所著的《托尔斯泰传》《米开朗基罗传》，即便如此，即便在解读的过程中他倾注了全部的真情和热爱，他依然能从客观、冷静的角度来评说，比如在用浓墨颂扬列夫·托尔斯泰的同时，也看到其音乐和艺术修养的欠缺等等。

他从每一位作家、每一件作品中汲取精神能量，感受耀眼的光芒，同时也是与自身的内在进行着深切的呼应。他把莎士比亚比作自童年时代起就庇护着他生活梦想的老橡树，他说：“阅读莎士比亚作品的唯一好处，是能在其中领略最罕见和眼下最需要的美德：普天之下皆兄弟、深邃的人道精神。”“这是伟大和博爱的心灵！它负载着世间一切欢乐和一切痛苦。”这和他自身的人道和博爱精神原本有着不可分割的联系。他理解到莎士比亚的作品在某一个时刻超越了莎士比亚，接触到艺术的本质——通过艺术达到精神解放。

而歌德在面对自然时，艺术已不再是他的目标，他的目标是通过形式然后是通过规律的渠道，深入到自然的精神中。“很清楚，我们在他重要时期创作的诗歌中，呼吸到大地的气息和自然的活力。”他昂着头颅在创作，与荒谬的社会娱乐保持了距离，同时保持了作品和人生的严肃性：“在人为做作和复杂的欧洲生活中，他看到的是对我们的文明的谴责。”在生活中，他说：“我从来不抽烟斗，从来不下棋，一句话，我从来不做可能浪费时间的事。”当1813年年轻的狂热分子谴责歌德失职时，知音的罗曼·罗兰说：“这是错误的。谁也不如他那样严肃地考虑职责。他的目光超越了这些职责。”“歌德的精神早就超越了登上最高一级的民族——在这个阶段，人们不再分什么民族，人们把别的民族的欢乐与痛苦看成自己的。”和歌德一样，他自己也早已超越了狭隘的国家和民族主义，以更博大的胸怀和抱负关注着世界和人类。他自己，也同样遭受攻击。对于他在日内瓦筹办“国际战俘代办处”的那段时间，他写道：“我夹在两股荒谬的子弹的连续齐射中。法国报纸指责我热爱人类是背叛法国。德国报纸指责我‘以自己的作品造成战争延长’！”然而，他还是毅然从狭隘中走出来，站在了更高、更远处。科学和艺术，或许正是这样的高地，罗曼·罗兰说：“我在科学和艺术中找到了翅膀，能够把我们承载起：因为科学和艺术属于全世界，在它们面前，民族性的障碍便消失了。”

对于列夫·托尔斯泰，他似乎倾注了所有的能量，他饱含深情地说：“我深深挚爱着——我从来没有停止去爱——托尔斯泰。”“我对列夫·托尔斯泰保持着全部敬意和青年时代的热爱。我没齿不忘他给我这个不安的青年带来父亲般的帮助。我把他看做艺术、活生生的艺术中最伟大的生活导师。”“我们时代最宽广的心灵就是托尔斯泰的心灵。在他的心中，我们，一切民族和一切阶级的人是彼此相爱的。”“我感谢他对一切活着的人兄弟般的情义，这对真正的艺术家来说是最根本的感情。”同道者，总是彼此激励和共鸣。从托尔斯泰的作品中，他得到了无限启迪和心灵感应。“每个人爱他都出于不同的理由：因为每个人在他的作品中都找到自己；对于我们大家，他的作品是一个人生的启示，一扇开向广袤宇宙的大门。”在这里，他表达了自己的艺术见解，认为艺术魅力不是思想本身，而是蕴藏在艺术对思想的表现之中，蕴藏在个人风格、艺术家的印记和他的生命气息之中。真正的科学和艺术产品是自我牺牲，而不是物质利益的产品，成千上万个可耻地以艺术为生的寄生虫玷污了艺术，“艺术不应该是一种职业，它应该是一种天赋”。理解巨人的作品，自身要站得同样高远。他在《托尔斯泰传》中说：“必须高踞其上，把无垠的天际和林野的边沿尽收眼底，才能窥见作品的荷马式精神，洞悉永恒法则的宁静、命运之气息的庄重节奏、与所有细节相连并制约作品的总体感以及艺术家的天才。”当然，每个人都有弱点，对于其挚爱的托尔斯泰，罗曼·罗兰也不回避其弱点，除了在对音乐的理解上两人无法一致，他还看到老年托尔斯泰日增的武断：“他甚至写了一部书，证明莎士比亚‘不是一个艺术家’。”显然，表面上这是不能被罗曼·罗兰接受的。但他同时也承认托尔斯泰在看待莎士比亚的某些缺陷时，又的确犀利而独到：“应当指出，对莎士比亚的某些真正的缺点他是看得很清楚的，这些缺点我们倒不能不坦率地承认：比如，诗句语言的雕琢，笼统地使用一切人物；激情、英雄主义，甚至朴实性格都有虚夸之处。我完全懂得，像托尔斯泰这样的作家，在一切作家中是最少文学家气质的，他对于文学家中最有天才的人的艺术自然缺乏好感。”同时他又以理解的口吻说：“不能要求一个创作天才批评时不偏不倚。当瓦格纳和托尔斯泰这样的艺术家谈论贝多芬或莎士比亚时，他们谈论的不是贝多芬或莎士比亚，而是谈论他们自己：他们在阐述自己的理想。他们甚至不想对我们装假。评论莎士比亚时，托尔斯泰并不想显得‘客观’。”宽容、慈悲、善解人意是罗曼·罗兰乃至一切人文主义作家的一贯风格。

他还从人性的视角解读雨果，解读卡尔·斯皮特勒，解读托克维尔和戈比诺，解读文学家身上独特的气质。他看到的维克多·雨果“根本不是当代人所了解或理解得很差的那个作家”。他看到的和妻女生活在一起、远远避开文学界的卡尔·斯皮特勒“根本用不着接近文学界”……掺杂自身与作家的交往，这些解读的文字便显得更加鲜活。

同样作为大文豪的罗曼·罗兰，对于文学，对于艺术，对于自己所从事和热爱的事业，自然也有自己的深刻理解。他说：“我一直同时过两种生活——一种是遗传基因的组合，使我在一个空间地点和某一时刻度过的人的生活；另一种是没有面孔，没有名字，没有地点，没有年代的人的生活，这种生活才是整个一生的本质和气息。”是的，没有天生的气质，很难真正去从事一项事业，无论是文学艺术还是政治经济，一个人内在深处那“永恒的”神启的眼睛使他不时看到“更高处的”启示，使他与万物联结，超脱超拔，从平凡走向伟大。我们离不开神启，必然会在人性与神性的融合交互中锻造生命。我们一定要站在更高远处，用不可阻挡的气息去穿透时光。在读着他的文字的时刻，我有一种获得无穷无限力量之感。

正如他说艺术才能是一种天赋，写作对于他，就是呼吸，正是生活。在生活中，在冥冥中，他曾受到来自上苍的深刻启迪，那光芒曾触到他心灵的最深处。这种冥定的气质和指引，注定会超脱一切，超脱文学、艺术、政治抑或经济，使他走向或天然处在更高远处。一切都清晰可见，可知、可感。那是从血液中奔流而出的，天生自带。而扎根于生活，他的成长、成熟有赖于他时刻的接收、接纳和来自生命的随时的启示，正如他自己所说：“天才的奇迹在于他的生命永不消逝，因为它汲取了生活不朽的精华。”他的书写，承载了他进步的热情和博爱的理想。在《我为谁写作》一文中，他说：“我为谁写作？为了前进大军的先锋队，为了国际上的巨大战斗，这场战斗的胜利要保证建立不分国界、不分阶级的人类共同体。”

对于读书，他说：“人们永远不会只读一本书。人们通过许多书阅读自己，要么是为了发现自我，要么是为了控制自我，最客观的书最容易使人产生错觉。”“最伟大的书，不是公报或电报的模板，而是它的生命冲击能够唤醒别的生命。它孕育各种精华的火种，从一个生命传到另一个生命，变成熊熊大火，扑向一座座森林。”

读罗曼·罗兰的书，总不会失望。然而我不喜欢出版者以“死和变”来命名这本书。按照文内的陈述——“‘死和变’——个人，民族，世界，宇宙万物的单子——蛹！”，“死和变”翻译成“蜕变”或者“重生”不是更好吗？

（《死和变：罗曼·罗兰读书随笔》，罗曼·罗兰著，郑克鲁译，金城出版社，2011 年 12 月第 1 版第 1 次印刷）

2016 年 11 月 12 日

生命的流动和内在的狂欢

——读劳伦斯《劳伦斯散文》

英国作家劳伦斯的生命充满了无穷的活力，在他看来，生命就如江河一般因内在的生机而源源不断地流淌。

在别人的眼中象征忧郁的夜莺的歌唱，在他看来纯然是一种音乐，是“因着生命的完美而产生的欢乐感觉”。而夜莺，则是“世界上最不忧伤的东西”“它没什么可忧伤的”，“一只鸟儿歌唱，那是因为它浑身充满了勃勃的生机”。而在充满了生机的人的眼里，自然万物亦充满了生机：“不管我们愿不愿意，月桂树很快就要散发出芬芳，羊儿很快会立起双脚跳舞，地黄连会遍地闪烁点点光亮，那将是一个新天地。”这清新欢喜的感觉在他的体内，也在他的身外，是内外交互感应的结果，他说：“泉水就在我们体内，清洌的甘泉在我们胸膛里汩汩涌动，我们身不由己地欢欣鼓舞。”他常被抛入新的开端，因为在他的心里，“泉水在翻腾”。这是一种特质，是他穷其一生都要去追随的东西。在英国的阴郁和意大利的明丽之间，他自然而然地选择了意大利，选择了在那里生活，在那里死亡。这同样是一场本性的追逐，跟随直觉，带他到达一片舒适的地带。

他说："人不能只靠他的意志活着。他必须用他的灵魂寻找生命的源泉。我们要的是生命……只要有生命，就有本质的美。充满灵魂的真美昭示着生命。"他要的是鲜活的生命，是不加束缚和捆绑的来自本能直觉的生命，他要跟随生命的直觉，跟随内在的敏感和冲动，找到生命的源泉，找到生命的诗和音乐。而最能显示生命活力的，在他看来就是性。丰沛的血性、无穷的能量和无以扼制的内在冲动使他赞美性，以至于他在这本书里以较大篇幅谈到性。在他眼里，性与美是同一的，"与性和美同在、源于性和美的智慧就是直觉"。甚至，他将性上升到对英格兰的拯救，如果英格兰的上空再没有真实而鲜活的东西流淌，如果英格兰的男女之间再不建立起"火热的血性之性"，英格兰就要"全然失落"了。他说："一个无性的英格兰，对我来说它没什么希望可言。"

他赞美性，赞美本能和直觉，甚至赞同人们使用所谓淫秽词语的能力，但他并不主张滥情。在剖析自己的小说《查泰莱夫人的情人》时他说，这本书不是为那些可能在摩登时代变得淫荡的老清教徒们、那些言称"我可以为所欲为"的放纵青年，还有那些心地肮脏、缺少教养的下等人写的，他要让男人和女人们"全面、诚实、纯洁地想性的事"，"拥有完整而洁净的性观念"。在他看来，性是宇宙中阴阳两性间的平衡物——吸引、排斥、中和、新的吸引和新的排斥，永不相同，总有新意。性行为的意义是“交流，两条河水的相触，就像幼发拉底河和底格里斯河环绕起美索不达米亚平原”。他同样不排斥婚姻，认为婚姻就是两条河流的交流。

受内在能量和生命律动的驱使，他认为生活本该是快乐的一件事：“对我来说，能让我感觉生活美好的东西是这样一种感觉，那就是，即使我身患病症，我还是活生生的，我的灵魂活着，仍然同宇宙间生动的生命息息相关。”生命、爱、性都不是僵死的，而是蓬勃律动的感觉。没有什么是一成不变的，事物永在变动中：“没什么是真、是善、是正确的，它们只是与周围世界及同流者活生生相连时才真、才善、才正确。”一切的真、善、美都在满足深层需要的真实体验之中，在内在养分与更新自己的巨大源泉之间的联系之中。人的需求是与自然节律相契合的头脑、灵魂、肉体、精神和性的需求，灵与肉不可分离。要满足这种需求，就要回到柏拉图和生命的悲剧意识产生之前，回到理想主义的宗教和哲学诞生并把人推入悲剧之轨之前的时代：“佛陀、柏拉图和基督，在对待生命的态度上可说是三位极端悲观主义者。他们教导我们说，唯一的幸福就是脱离生活，即每日、每年、每季的有生有死有收获的生活，要的是生活在‘不可改变的’或者说是永恒的精神中……而那些大救星、大导师们只会把我们与生活割裂，这就是悲剧的附注。”这是对宗教和哲学的反叛。从新教的角度，他说：“如果我只是要拯救自己的灵魂，我最好放弃婚姻，去当和尚或隐士。还有，如果我只是要拯救别人的灵魂，我也最好放弃婚姻去当传道者和布道的圣士。”

总之劳伦斯是一个充满自己观点的人，他的观点同样来自他内在的直觉和生活的体验，一切都出自自然。正如他写作之时并未想过要当作家，他画画之时并不知道原来自己可以画画一样。他发现于写作之外的另一个载体和介质是那么的偶然：在他40岁时，他的朋友从家乡给他带来几块空白的画布，他觉得应该将它们填满，于是他拿刷子和油漆开始涂抹，于是他意外地发现了自己可以画。当然，这画画的天赋不是突然降临，它源于内心深处冲动的驱使。别忘了，在此之前，他受兴趣的指引已经临摹过无数画家的作品，数量之丰堪与美术学院的学生相比，他从中享尽了欢乐。对于画作，他亦有着独特的鉴赏力。在他的眼里、心里，无论是画家还是其作品都是愉悦的。他说：“我都40岁了，才真正有勇气试一下。这一试，就变成了狂欢。”——这便是潜藏于他生命深处的天赋的感应。他画画如同他写作，是一件轻而易举、水到渠成的事。而天赋的成就从来就是愉快而轻易的。

让我们纪念劳伦斯，他让我们看到了生命的流动和内在的狂欢。

（《劳伦斯散文》，劳伦斯著，黑马译，人民文学出版社，2008年5月第1版第1次印刷）

2015年2月17日

诗人尼采和哲学家尼采

——读弗里德里希·尼采《尼采随笔：谁是谁的太阳》

不知道是尼采的缘故还是翻译的缘故，在《尼采随笔：谁是谁的太阳》颇显晦涩的语言里一知半解地啃读尼采，希望从中领略一点尼采的精神，但竭尽了全力，似乎依然没有把握住要害，只获得了一点儿零碎且不确切的印象。

过去读过尼采的诗，他的哲学与他的诗截然不同，哲学家尼采和诗人尼采也表现出不同的质地。

哲学家尼采深沉、矛盾，充满了批判、怀疑和矛盾，陷入对生命、对道德、对信仰、对心灵，乃至对哲学自身的追索与拷问；诗人尼采恬静、单纯，将自身置于大自然的背景下，置于家乡的背景下，置于生活和人性的背景下，刹那间变得感性而柔软。虽然他的诗中亦带着他哲学的高亢与明亮，但那不是哲学高调的明亮，而是诗和心地温暖的明亮，因此也更加迷人。他的诗使他退回到一个人的位置，而他的哲学时时地表明他是一个执着而不凡的思想家。他批判黑格尔，批判康德，批判卢梭，于批判中表明自己对“真理”，对“自由意志”，对上帝，对道德，对艺术，乃至对一切的怀疑。在他看来，以笛卡儿哲学为代表的17世纪哲学是意志主权的明证，奉行的是贵族政体；以卢梭为代表的18世纪哲学是感官主权的明证，是虚幻，奉行的是女权主义；以叔本华为代表的19世纪哲学是兽权主义的明证，“更为阴沉而诚挚”，奉行的是兽权主义。无论是理智的17世纪哲学、感性的18世纪哲学，还是渴求的19世纪哲学，都被他批得体无完肤，他试图将自己撇清，以一个旁观者的视角，客观地、不带成见和偏见地去看待善恶、好坏、因果，将它们看作两种不同的力，并揭示表象背后“权力意志”的唯一实质。在《爱与美的升华》一文中，他说：“所有的原动力都是权力意志，此外，不会有任何肉体的力量；精神之力也是不存在的。”

哲学家尼采如诗人尼采一样，显示着强大的内生力量，而诗人尼采是向美向光、平静怡和的：“你们空中的小鸟 / 请唱着歌儿飞翔 / 去问候我那宝贵的 / 我那可爱的故乡……”哲学家尼采不可扼制，是具有破坏性的，在他看来，“根本就没有什么‘真理’”。被真理禁锢，形同自虐。也不存在事物的本质：“一种事物的本质仅仅是有着‘此物’的看法而已。”“同信仰精神相比，信仰肉体更具有根本的意义。”相信脱离肉体的事物，无异于相信梦幻。“‘个体的幸福’和‘人类的幸福’一样，都是虚构的。”“我们不用去理会那些神明和殷勤的天才，我们应该以自己的看法为满足，而这种看法就是：在解释和处理事件时，我们自己的理论和实践已达到的迄今最高的高度。”“除了教诲低等人的艺术——即利用对置身于更为高级的事物假象秩序的虔诚——之外，基督教和佛教再没有令人可敬之处了……”不知道颠覆了这一切之后他要重建什么。

而他必定有着他的向往和追求，使得自身旺盛的能量有所安置：“在这个时代里，我们必须要为一个更高级的时代开辟新的道路和聚集必要的能量。”而能承担这个使命的人才却不能从虚无、现代文明和大都市的教育中产生：“他们是一群更富创造性、对现实更具危险性、欢乐幸福的人。”他强调自由、自我和个性：“就算是恶意的诚实，也比因为恪守传统而失去自我好；自由自在的人也可能为善或者为恶，可是，失去自由的人则是对本性的玷污，不能分享天上和人间的安慰。总的来说，要想做自由的人，就必须完全做他自己。”全然自我的哲学思考，将他顶到高高的云端，在那里，他的哲学与他的诗还是相遇了：“我在人与兽之上高高生长 / 我说话——没有人跟我对讲 / 我生长得太高，也太寂寞——/ 我在等待：可是我等待什么？……”

给予人的人性一种“风格”，在他看来虽是一种“崇高而又罕见的艺术”，然而曲高和寡。在灵魂的最深处，哲学家尼采和诗人尼采仿佛都是寂寞的。

（《尼采随笔：谁是谁的太阳》，弗里德里希·尼采著，赵娩平译，安徽人民出版社，2012 年 6 月第 1 版，2013 年 7 月第 2 次印刷）

2015 年 2 月 2 日

虚无中的透彻，透彻中的虚无

——读费尔南多·佩索阿《惶然录》

从《主观书》的作者——鲁迅文学院和北京师范大学合办研究生班闫文盛同学的微信公众号上得到佩索阿的线索。闫文盛说他避开现实的具体材料、完全依循心灵指引的内视的写作是受到佩索阿的影响。他的《主观书》受灵感推动，通篇弥漫着空灵的纯粹和不可复制的灵性，刹那间给人耳目一新的感觉，新奇中又似有着某种隐约的共鸣。出于好奇，我将佩索阿的《惶然录》也买了来。

和《主观书》不同，如果说《主观书》探究的是“并未脱离生活的”向内的写作的话，那么《惶然录》通篇建立在“虚无”的背景之上，非这样，也非那样；无可，无不可；没有欢喜，没有悲伤；生命只是一个存在，或者说一场梦，一场不留恋、不惋惜、不憧憬亦无可捉摸的梦，“生命、心灵以及世界，皆为虚无”。虚无中仿佛又充满了荒唐和荒谬，“所有的上帝在一次比一次更彻底的死亡中死去，所有的一切比真实还要更加空空如也”。“我们在自己碌碌生活中视为重要的一切，都参与死亡，都是死亡。理想不是生活远远不够的一份供认又是什么？艺术不是对生活的否定又是什么？……生活是生活的死，因为每一个我们享乐于其中的新日子，都是我们生命失去的另一个日子。”如此的状态，如此的思想，如此的存在，可思议，或不可思议，都是自然天成，无能为力。

站在一个终极、超脱抑或疏离的点上，佩索阿先生仿佛看透了一切。在他看来，“生活的一切不过是一个梦”。这俨然是佛家的“如露亦如电，应作如是观”。虚无中有着一种透彻，透彻中有着无边的虚无。他将他的生活限定在里斯本的道拉多雷斯大街上，限定在他从事会计职业的办公室里。他不去祈求，无所奢望，一切对他来说都无所谓。在他看来，他并不热爱的会计行为和其他一切活动并无区别，是他生活自然而然且不可分割的一部分，是即使由其他事情替代也逃不脱虚无本质的一部分，所以他并不逃离。他说：“我们周围的一切，成为了我们的一部分，成为渗透我们血肉和生命的一切经验……”“我感觉和思考得很多的是，作为会计的这一份工作真让我感激，它使我得以用前一种存在否定并摆脱后一种存在。”我们与生活，与眼下的经验，的确已有了千丝万缕的联系，而一个作家，原来还可以这样思想。但紧接着他又说：“一切就是我们，而我们就是一切。但如果一切都是虚无，那么事情还有什么意义？”他的一生，就是在这“无意义”的背景中“活着”“写着”。“也许，永远当一个会计就是我的命运，诗歌和文学纯粹是在我头上停落一时的蝴蝶，仅仅是用它们的非凡美丽来衬托我的荒谬可笑。”

而在这极致的简单中的确也产生了极致的丰富，如佩索阿所说：“一个人为了摆脱单调，必须使存在单调化。”他不旅行，因为在他看来，旅游者本身就是旅行。他写道：“我对世界七大洲的任何地方既没有兴趣，也没有真正去看过。我游历我自己的第八大洲……我的航程比所有人的都要遥远。我见过的高山多于地球上所有存在的高山。我走过的城市多于已经建起来的城市。我渡过的大河在一个不可能的世界里奔流不息，在我沉思的凝视下确凿无疑地奔流。”他在他的意识和潜意识里重铸着一个或多个世界。他不愿与人交流，他自己就是自己的见证。这让我想起前不久齐奥朗在他的一篇文章中说的：“将你的生活局限于一场同你自己或者最好是同上帝的讨论。将人们赶出你的思想，不要让任何外在的事物损坏你的孤独，让那些弄臣去寻找同类吧。他人只会削弱你，因为他人逼迫你扮演一种角色。将姿态从你的生活中排除吧，你仅仅属于本质。”独处中的佩索阿的确获得了灵魂的自由。一日，他在纸上定下这些文字：“我的内心是一支隐形的交响乐队。我不知道它由哪些乐器组成，不知道我内心中喧响和撞击的是怎样的丝竹迸发，是怎样的鼓铎震天。我只知道，自己就是这一片声音的交响。”这话好理解。越寂寞，越喧哗；越简单，越丰富。即使在他烂熟于胸的道拉多雷斯大街上，他也有很多的白日梦：“正是因为道拉多雷斯大街，才使我能够享乐于内心种种不可能存在的水光山色。”对他而言，现实与幻想永远相互依存，不要追逐，逐无可逐。而另一日，他又说：“今天，我突然找到了一个荒诞然而准确的结论。在一个恍然大悟的瞬间，我意识到自己是无，绝对的无。一道闪光之中，我看见自己一直视为城市的东西，事实上是一片荒原。”“我是某座不曾存在的城镇的荒郊，某本不曾动笔的著作的冗长的序言。我是无。是无。”而佛家说，无中有万有。不知这其中是否也有着某种莫名的联系？的确，他自己也说：“因为我是无，我才能够想象我自己是一切。”“我一直被这种单调护佑。”事物总是具有某种相对性，有限制，就有自由；有刻板，就有创造。这对我似有启发。“任何牢不可破的东西都将死亡，都将消失，都不能再见到阳光倾洒街市，不能思考和感觉，都将把我遗忘。”

总之，他是不可捕捉的。他自己也无法将自己固定在某一处或者某一个点上，他的文字就这样随着他流淌，流淌……因此这文字也是节制的，五六百字、七八百字，有的索性只有一两行、两三行——这实际也给了我们很多启发，至少让我们看到另一种可能性——我们为什么要为作文而作文呢？我们为什么要为结构而铺陈呢？我们为什么不能有话则说，说完即止呢？想起陈传席的《悔晚斋臆语》，亦是打破了“说废话”的传统，只将骨架、精华，或者说中心的语句拿出来，如叔本华所说，“直抵核心”，这也不失为一种创新的举动。当然，此类观点的呈现和佩索阿还有所不同：佩索阿没有明确的观点，只有想象、幻觉和“那一刻”的所思所想、所感所悟。他是紧贴着心灵在走的，即便如此，他还在说："我总是思考，总是感受，但我的思想全无缘故，感觉全无根由。我正在一脚踩空，毫无方向地跌落，通过无限之域而落入无限。我的灵魂是一个黑色的大漩涡，一团正在搅出真空状态的疯狂旋风。巨大的水流旋出中心的空洞，而水流，或比水流更加回旋湍急的，是我在人世间所见所闻的一切意象汹涌而来：房子、面孔、书本、垃圾箱、音乐片段以及声音碎片，所有这一切被拽入一个不祥的无底洞。"他蜗居一角，不求理解，他说："被理解类似于自我卖淫。"

出于看透一切，抑或出于绝望，他对周遭漠不关心，因为一切东西在他看来都别无二致。"这里的白天充满毫无意义的喧闹，到了夜晚，这里的喧闹停息同样毫无意义。在白天，我什么都不是；到了夜晚，我才成为我自己。我与阿尔范德加大街没有什么区别——除了它们是街道，而我有一颗人的心灵，而这一点相较于所有事物的本质的时候，也可以说微不足道。""同样的光辉落在圣人的脸上，还有过客的绑腿带上。同样的光辉熄灭都留下黑暗，留下来所有事实的彻底虚无，不论对于圣徒还是对于绑腿套的穿着者，都是一样。那些工作和假装工作的人，都是一回事；一个人为了知识而阅读是徒劳，另一个人为了生活而享受也是徒劳；甚至生和死都无区别。然而，一切都没有意义。""一切都是荒诞。"他仿佛已经看透了万物的本质，看到了某种"否定性的悲剧"，他以淡然的心态把握着生活和艺术、现实与心灵的平衡，而又将这一切都归于永恒的虚无之中。或者说，有了虚无的大背景，他将两者看得并无分别。不仅仅是这两者，在他眼里，万物都无分别：“一个在英国和瑞士有百万财富的美国阔佬与一个村庄的社会主义领主并没有质的不同，他们只有量的差别。”“无论他们聪明还是愚蠢，事实上同样愚蠢。无论他们年轻还是衰老，他们事实上都有同样的年龄。无论他们是男人还是女人，他们事实上都没有性别可言。”一切都一样，一切都无分别，一切都无关紧要，他不追求，他不索取，他不信仰，他不希望：“有些人说，生活中不能没有希望；另一些人说，正是希望使生活丧失了意义。对于我来说，希望和失望都不存在，生活仅仅是一张把我自己饱含在内的图画，但在我的观看之下，更像是一出没有情节的戏剧。”某一个片刻他会自问：“当虚无不能向人们授予崇高，也不能向人们授予低贱，而且不容许这种比较的时候，我能得到一种什么样的尊敬？”在这些追索、冥想、感悟或体验中，虚无演奏出他人生的总基调。

然而他的心灵又天生敏感，触角又天生地与周遭联结，乃至日常生活的一切，哪怕是一个短暂的目光相接都成为他生命的一部分。在虚无的神秘性之中，他“为一切事情哭泣”。“所有发生在我们生活于其中的世界里的一切，也消亡于我们的内心。”他表面漠不关心的人、事、物以不被察觉的方式潜入他的灵魂，成为他生命无所察觉的一部分，当突然变故或蓦然抽离时使他被猛然触动或刺伤。他那么地漠不关心，他又是那么深切地依恋。有时他期待一种“对感觉极度敏感的感觉”，一种“对感受特别深入的意识”，一种“自我拆解的锐利智慧，一种用梦娱悦自己的非凡才具”。然而最终，他说：“我所做的一切，所感的一切，所体验的一切，都将比这个或那个城市大街上每天过往的行者更加微不足道。”

佩索阿在书中有一段精辟的言说：“我现在感到，如果我仅仅是一个能够看见这一切的人，除了观赏以外与周围的一切毫无关系。如果我细察这一切，恰如一个成年旅游者今天刚刚抵达生活的表层，那该多好！如果一个人生来一直疏于学习，不曾把诸多学舌而得的意义强加于万物，他只能看到各种事物内在的意义，不在乎人们凭空外加的意义，那该多好！……如果一个人能够弃绝神学式的深研细究，只是像初次相逢时那样来注意一切事情，把它们视为神秘的显现，而且视之为现实之花的直接开放，那该多好。”这也正是我所想的，但我不知道我们的身上已经沾染或覆盖了多少尘埃。是的，是需要时时校正，使自己站在原初的位置，执着地保有本性里的简单明快，不“被眼前所见遮蔽如盲”。

而佩索阿到底是一个不幸的人。当读到他孤儿的出身和爱无所依的悲凉、孤寂与无助，也许我才更多地了解了他何以如此，了解了他为什么说“我知道自己从来什么也不是，只是谬误和错失”，以及他淡泊无望的表象与内在潜意识之中对于爱和关怀的强烈渴望。在《父母》一文中，他对早亡的父母实在无法拥有记忆的联想：“如果我的敏感中差不多有一种严厉或者疏离不群的东西，那么它就根植在一种温暖的缺失，还有一种对亲吻的虚妄怀旧——我甚至无法回忆起这样的吻。”“不论我喜欢还是不喜欢这一点，在我宿命般敏感的混沌深处，我期待所有的这一切。”“当我是一个孩子的时候，把我抱过去的人，实际上没把我抱到他们心头。而能够这样做的人，已经远去，躺入墓穴——也许这就是我的母亲。这是命运的安排。”“我父亲与我们没有生活在一起，他自杀的时候我还只有三岁，且从来不知道他，我一直不知道他为什么离我如此遥远。我也从来不是特别地想知道这一点。”这正是他孤独、敏感的根源吗？他的遭际使他怀疑人生吗？可怜的孩子。读到这里没有办法不引起我们深切的悲悯。每一种生命，都有它独特的造就，而这，也是千万个生命中之一种。茫然中他自问：“既然我生活中不能没有慈爱，为什么要把慈爱从我身边夺走？”但他永远得不到解答。他说孤独折磨着他，陪伴又压抑着他；疏离者的形象造就了他，另外一个人的在场则毁灭着他的思想。他是一个敏感脆弱的矛盾体。自己、世界以及两者之间的神秘都是多余的，“我们就是我们不是的东西，生命短暂而悲凉”。

韩少功先生从文学评论的角度在后记中对佩索阿作了很多评述，但作为读者和译者，韩少功先生的评论无法框定他。他是不可框定的。他超出了评论的范围，甚至超出了他自己的意识和理解。在自我描述的意识里，他感到自己既不真实亦非不真实，有时仿佛是一个无感的人，活着只是活着，写作只是写作：“我不属于任何事物，也不渴望任何事物。我什么也不是，只是某些非个人感觉的抽象中心。”他被无边的虚无包裹着，模糊抑或清晰中完全跟着他“那一刻”的感觉和思索在走，而“那一刻”已永远不再是“此一刻”。“在我一切思虑的深处，我并不是我。”“每一张即使是昨天与我们相逢的人面，在今天也有了完全不同之处，因为今天不是昨天。”在佩索阿的文字里，充满了如此的或然性和不确定性，如他感觉到永恒虚无中生命的多变和不确定。在写着的彼刻，他说：“这是一本没有事物的自传，没有生活的历史。”这是一部心灵史，或者说由思绪的碎片连缀的历史，然而，所有的一切，都没有脱离他虚无的背景。他说他坐在窗前，用他的感觉来沉思宇宙和生活的虚无，平静地记录下那些曲曲折折的思考，但“我自供的东西无足轻重，因为本来就没有任何东西说得上重要”。大概这也是他生前很少发表文字的原因。而当他说他将写作看作自我轻贱或者失去自我，而在失落的过程中没有感觉到喜悦而是被吸干时，我甚至不能理解那他为何还要写作，还无法停止写作。就像他自己所说：“我相信自己是把这种无可救药的感受及其凶险荒诞形诸文字的第一人。”当然，写作对他来说很可能是一种拯救，或者说起着某种拯救的作用：“没有一种真正深藏的苦恼，不可以在讽刺性的相应书写之下得到救治。在少有的情况下，这也许就是文学的用处之一。而且可以假定，这种写作也不会有其他用途。”这让我联想到史铁生所说的“写作是为了不自杀”，是写作，避免了佩索阿步入父亲所走过的路途吗？与文字为伴的一个寂寞者，如果文字于他确实有着拯救的意义，那这意义也足够彰显其伟大了。而有的时候，写作对他仅仅是写作："一天又一天，我在不为人知的灵魂深处，记录着诸多印象，它们形成我自己意识的外在本质。我用漂泊的词语说出它们……他们对于我来说没有用，没有任何用。但它们能让我静静地写作。"

总之，我们真地无法确切地猜度另一个人。何况佩索阿先生在专注地审视自我之时，也常常认为自己是"另一个人"。他创造了自我各自不同的性格，而且持续地创造着，他说："独立思考使我自己同时成为回声和深渊。"

冥想的体验我有过，或者说常常会有，但不同于佩索阿的不安与惶惑，那是一种不为所碍、超脱空灵而又妥帖舒适的感觉，当如此的状态下积累的文字日益增多，我的头脑中也曾有过出版一本《冥想集》的闪念，而《惶然录》对我也是一个启发。在书中，佩索阿诉说的是他的感觉——虚无荒诞以及潜意识里的那丝悲伤与惶惑，《主观书》的作者闫文盛所写的则是感觉和潜意识里的另一种灵感和体验，我是否也可叙写我的感觉和潜意识里源源不断的莫名欢喜呢？如此的写作，如果说能够归于一类的话，闫文盛说那是"内视的写作"，佩索阿说那是"内向的旅行"，在我看来，则是"跟随自我的意识，聆听内心的声音"……

（《惶然录》，费尔南多·佩索阿著，韩少功译，上海文艺出版社，2012 年 6 月第 1 版，2017 年 2 月第 4 次印刷）

2018 年 1 月 26 日、27 日

思想的锐度

——读胡适《容忍与自由》

容忍与自由，是胡适引用他的母校康奈尔大学的教授布尔先生的一句话——“我年纪越大，越觉得容忍比自由重要”。他将这句话当作格言般珍视：“甚至有时竟觉得容忍是一切自由的根本，没有容忍，就没有自由。”

他说的容忍，更多的是包容，是容纳。而他在这个问题上的深刻认识和领悟，也是基于他自己的切身经历。他说，当他 17 岁时以不能容忍的卫道士姿态引用《王制》“诛杀”《西游记》和《封神榜》的装神弄鬼时，他做梦也不会想到，10 年之后他在北京大学教书就有一群同样“卫道”的正人君子也想引用《王制》的第三诛，要“杀”他和他的朋友们；他不会想到 15 年后，他自己也会热心地给《西游记》作考证；他不会想到二三十年后，他会四处搜寻可以考证《封神榜》作者的材料。“当年我要‘杀’人，后来人要‘杀’我，动机是一样的：都只因为动了一点正义的火气，就都失掉了容忍的度量了。”时间给了他清醒的认知，阅历给了他深刻的回味，并在他的心灵和头脑中标出了思想的深度，给予后人以警示的作用。

在这篇《容忍与自由》中，他自称是一个无神论者，但他又说：“我能够容忍一切信仰有神的宗教，也能够容忍一切诚心信仰宗教的人。”“我要用容忍的态度来报答社会对我的容忍，因为我年纪越大，越觉得容忍的重要意义。若社会没有这点容忍的气度，我决不能享受四十多年大胆怀疑的自由，公开主张无神论的自由。”

在他看来，深信“我不会错”的心理是一切不容忍的根苗。“容忍是一切自由的根本，没有容忍‘异己’的雅量，就不会承认‘异己’的宗教信仰可以享受自由。但因为不容忍的态度是基于‘我的信念不会错’的心理习惯，所以容忍‘异己’是最难得、最不容易养成的雅量。”

“容忍与自由”正是这本文集的灵魂。

他的《差不多先生传》作为我中学时代就读过的名篇，是一座“懒人国”国民性的集体群雕。《多研究些问题，少谈些‘主义’》立场鲜明：“‘主义’的弱点和危险，就在这里。因为世间没有一个抽象名词能把某人某派的具体主张都包括在里面……绝不是这一个抽象名词所能包括……用同一个名词，中间也许隔开七八个世纪……所以我现在奉劝新舆论界的同志道：‘请你们多提出一些问题，少谈一些纸上的主义。’”他提出问题，也找出症结，将只谈主义不研究问题归结为一个

“懒”字：“研究问题是极困难的事，高谈主义是极容易的事。”翻翻书本高谈阔论、无所无忌是容易的，然而，“凡是有价值的思想，都是从这个那个具体的问题下手的。先研究了问题的种种方面的种种事实，看看究竟病在何处，这是思想的第一步功夫。然后根据一生的经验和学问，提出种种解决的方法，提出种种医病的丹方，这是思想的第二步功夫。然后用一生的经验学问，加上想象的能力，推想每一种假定的解决办法……这是第三步的功夫。凡是有价值的主张，都是经过这三步功夫来的。不如此，不算舆论家，只可算是抄书手”。

他对《左传》立德、立功和立言的“三不朽说”进行了新的思考。谈立言，他说：“像那《三百篇》里的诗人，也没有姓名，也没有事实，但是他们都可说是立言不朽的典范。为什么呢？因为不朽全靠一个人的真价值，并不靠姓名与事实的流传，也不靠灵魂的存在。”有一些创造者虽然姓名不传、事实湮没，“但他们的功业永远存在，他们也就都不朽了”。这是我过去不曾想过的新视角，但仔细想想，的确如此。他同时看到“三不朽说”的三层缺点，提出一连串的问题：极少数有道德、有功业、有著述的人不朽，无数平常人难道就没有不朽的希望了吗？立德可以不朽，不立德又会怎样呢？立功可以不朽，有罪恶又会怎样呢？“德”“功”“言”的范围如此含糊，究竟怎样的人格才可算是“德”呢？怎样的事业才可算是“功”呢？怎样的著作才可算是“言”呢？他就是这样，始终以怀疑的目光做学问。大概这也得益于他西学的修养，甚至“批判性思维”是西方教育的一门独立的课程。批判使他犀利，使他进行深刻的思考并发出时代先声，他的一些言论即使在今天也还是有着积极的现实意义。

然而胡适的可取之处恐怕更在于，他不仅指出病症，还努力开出药方，比如他提出第三种不朽论——“社会的不朽论”。他引用莱布尼茨的思想：这个世界乃是一片大充实，万物彼此影响。如果一个人有周知万物的智慧，他可以在每个人身上看出世间一切施为。无论过去还是未来都可看得出，在这一个现在里面便有无穷时间与空间的影子。化作他自己的论点便是社会和“大我”的不朽：“我这个‘小我’，加上了种种从前的因，又加上了种种现在的因，传递下去，又要造成无数将来的‘小我’。这种种过去的‘小我’，和种种现在的‘小我’，和种种将来无穷的‘小我’，一代传一代，一点加一滴；一线相传，连绵不断；一水奔流，滔滔不绝；这便是一个‘大我’。‘小我’是会消灭的，‘大我’是永远不灭的。‘小我’是会死的，‘大我’是永远不死、永远不朽的。‘小我’虽然会死，但是每一个‘小我’的一切作为、一切功德罪恶、一切语言行事，无论大小，无论是非，无论善恶，都永远留存在那个‘大我’之中。”这段话听上去有点叔本华的意味。他直接的结论是，不论事业功德大小，一切均可不朽，冠绝古今的道德功业固可不朽，极平常的“庸言庸行”、柴米油盐也可不朽：“社会是有机的组织，那英雄伟大可以不朽，那挑水的、烧饭的，甚至于浴堂里替你擦背的，甚至于每天替你家淘粪倒马桶的，也都永远不朽。”须时时想着做好“小我”，方可不辜负“大我”的无穷过去，不贻害“大我”的无穷未来。

在《归国杂感》一文中，他写到诸多“怪现状”：书籍的匮乏，观念的落后，人们的懒散，目之所及，是一片文化的沙漠。而在诸多“怪现状”中，教育也是一派凋敝：“不但不能救亡，简直可以亡国。”惰性之下，如果说有进步的话，也是“向前三步又退回两步，所以到如今还是这个样子。”在《保寿的意义》一文中，他说他“生不靠朋友，死不累子孙”、对子女尽教养的责任而不希望子女还债，等等这些思想均与彼时的一般国人有所不同。“今天预备明天，这是真稳健。生时预备死时，这是真旷达。父母预备儿女，这是真慈爱。”他写道。

关于新生活，他说得很通俗。他说，首先要了解“为什么”这个问题：“凡是自己说不出‘为什么这样做’的事，都是没有意思的生活。反过来说，凡是自己说得出‘为什么这样做’的事，都可以说是有意思的生活。”

关于真的个人主义与假的个人主义，他说假的个人主义就是为我主义，而真的个人主义则是个性主义，它有两个特征：一是独立思想，二是个人对于自己思想信仰的结果要负完全的责任。他认为还有第三派的个人主义，那就是独善其身的个人主义，表现为宗教家的极乐园、神仙生活、山林隐逸生活和近代的乡村生活。但他批判避世的态度，反对改造社会从改造个人做起，强调要改造社会的种种势力：“社会的改造是这种制度那种制度的改造，是这种思想那种思想的改造，是这个家庭那个家庭的改造，是这个学堂那个学堂的改造。”

关于博爱，他对和尚爱众生的博爱提出质疑：“自己的饭亦须取之于人，何能博爱？”他提倡以科学为基础的、实际的博爱。

他反对西方文明是唯物的、东方文明为精神的说法，认为那是“最有毒害的妖言”。在他看来，没有一种文明是精神的，也没有一种文明单是物质的。“人世的大悲剧是无数的人终身过着流血流汗的生活，能得着最低限度的人生幸福，不能避免受冻与挨饿。人世的更大悲剧是人类的先知先觉者眼看无数人冻饿，却不能设法增进他们的幸福，却把‘乐天’‘安命’‘知足’‘安贫’种种催眠药给他们吃，叫他们自己欺骗自己，安慰自己。”他批判传统文化中的糟粕，认为“都是从一条路上来的：这条路就是蔑视人类的基本的欲望。朝这条路上走，逆天而拂性，必至于养成懒惰的社会，多数人不肯努力以求人生基本欲望的满足，也就不肯进一步追求心灵上与精神上的发展了”。而关于欲望，再看时下的人们，是否又矫枉过正了呢？

他说西方现代文明是建立在三个基本观念之上：第一，人生的目的是求幸福；第二，所以贫穷是一桩罪恶；第三，所以衰病是一桩罪恶。因为人生要求幸福，所以要经营安适的起居、便利的交通、洁净的城市、优美的艺术、安全的社会、清廉的政治；因为贫穷是一桩罪恶，所以要开发资源，奖励生产，改良制造，扩张商业；因为衰病是一桩罪恶，所以要研究医药，提倡卫生，讲求体育，防止疾病传染，改善人的遗传。“西洋近代文明本建筑在个人求幸福的基础之上，所以向来承认‘财产’为神圣的人权之一。”他从社会改造的角度来剖析，认为“格一物有一物的愉快，革新一器有一器的满足，改良一种制度有一种制度的满意”，还是很有独立见解的。

但西方近代文明同样是注重精神的，其中最大的特色是科学，而求知是人类天生的一种精神上的最大要求。“东方的旧文明对于这个要求，不但不想满足他，并且常想裁制他，断绝他。所以东方古圣人劝人要‘无知’，要‘绝圣弃智’，要‘断思维’，要‘不识不知，顺帝之则’。这是畏难，是懒惰。这种文明，还能自夸可以满足心灵上的要求吗？”他认为东方的静坐澄心、不思不虑、物来顺应，是自欺欺人的诳语。胡适先生的说法当然有道理，但也有偏颇：同样的静坐澄心、顺应自然可理解为自欺欺人，也可理解为通达、智慧和洒脱。世上本无真相，本无真理。说“我们要在这个世界上做个活泼健全的人”是对的，但他以科学家的满足来否定“东方懒圣人”的快乐，子非鱼，又安知鱼之乐呢？“越向内做功夫，越看不见外面的现实世界；越在那不可捉摸的心性上玩把戏，越没有能力应付外面的实际问题。”在那贫穷、落后、愚昧的年代强调科学是合时宜的，但在务实际、求外物的同时，胡适先生大概还未领略向内求索的真正乐趣，还未发现内心深处才是快乐真正的源头。

当然，从另一个视角，他很焦虑：“到了我们不肯学人家的好处的时候，我们的文化也就不进步了。”和西方文化相比，在他眼中，我们的文化仿佛糟粕多于精华，“欧洲有三个一千年的大学，有许多个五百年以上的大学，至今继续存在，继续发展，我们有没有？至于我们所独有的宝贝——骈文、律诗、八股、小脚、太监、姨太太、五世同居的大家庭、贞节牌坊、地狱活现的监狱、廷杖、板子夹棍的法庭……究竟都是使我们抬不起头来的文物制度……讲了七八百年的理学，没有一个理学圣贤指出裹小脚是不人道的野蛮行为，只见大家崇信‘饿死事极小，失节事极大’的吃人礼教，请问那万丈光辉究竟照耀到哪里去了？”“信心是我们需要的，但无根据的信心是没有力量的。”“一个国家有五千年的历史，而没有一个四十年的大学，甚至于没有一个真正完备的大学，这是最大的耻辱。”“反省的结果应该使我们明白那五千年的精神文明，那‘光辉万丈’的宋明理学，那并不太丰富的固有文化，都是无济于事的……”

在哈尔滨，他说他发现了东西方文明的交界线，那是人力车文明与摩托车文明的界线，这也是他的一大发现：“人力车代表的文明就是那用人作牛马的文明。摩托车代表的文明就是用人的心思才智制作出机械来代替人力的文明。”

他从科技、工业、社会、文艺等各个方面的全面发展中获得启示，认为“社会革命的目的就是要做到向来被压迫的社会分子能站在大庭广众之中歌颂他的时代为人类有史以来最好的时代”。他为那些思想僵化的人感到惋惜：“世间的大问题绝不是一两个抽象名词所能完全包括的，最要紧的是事实。”他说：“我们之中却有许多人绝不承认世上会有事实足以动摇我们的迷信的。”

提到读书，他说中国的书不够读，而且“我可以很诚恳地说，中国旧籍是经不起读的”，所以要另开生路，辟“殖民地”，每一个少年必须精通一种外语。读外国语要读到有乐而无苦，以享书中的无限乐趣。他希望青年依着自己的兴趣和“性之所近，力之所能”去选课和择业，做到职业和业余爱好并重，甚至“他的业余活动比他的职业还更重要，因为一个人的前程往往是靠他怎样用他的闲暇时间”。这些观点都是很开明的。他鼓励青年：“你最悲观最失望的时候，那正是你必须鼓起坚强信心的时候。”

在书中，他还专门谈到治学方法，强调大胆假设、小心求证以及对于做学问科学严谨的态度。他对此还特别作出诠释：“谨就是把事情看得严重、神圣，就是谨慎。”他认为凡是能直接研究材料的就进步，凡是一种学问能够扩充或扩张它的研究材料的便进步，凡是一种学问能够扩充它作研究时所应用的工具的便进步。这一观点是值得当今的学人思考和借鉴的。

不说别的，单从文章写作的角度，我们都必须承认，胡适的文章全是“干货”，其中鲜有水分啊。今天，保有思想锐度的文章为何少之又少了呢？

（《容忍与自由》，胡适著，云南人民出版社，2015 年 10 月第 1 版第 1 次，2017 年 6 月第 12 次印刷）

2017 年 12 月 14 日、15 日、19 日

咖啡馆里的人生况味

——读陈丹燕《咖啡苦不苦》

是在朋友送我《我要游过大海》时和陈丹燕结的缘，是在中关村图书大厦翻开《咖啡苦不苦》目录的刹那买下她的这第二本书。

看那目录：伊斯坦布尔的君子们咖啡馆，巴黎的双偶咖啡馆，蒙马特的红玫瑰咖啡馆，魁北克老城的丁香园咖啡馆，圣彼得堡的无名咖啡馆，阿伦左的康斯坦丁咖啡馆，纽约的格林威治村咖啡馆，西柏林的雄鹰咖啡馆，东柏林的黑泵咖啡馆……我爱咖啡馆，于是这世界各地大大小小的咖啡馆所蕴含的无限想象力刹那间吸引了我，将我带入弥漫着咖啡香和抒情小调的闲适氛围。我要沉入其中，和她一起去品味和领略。

闲暇的时候，比如某个星期六的早上，或等女儿下课的工夫，我喜欢去咖啡馆。我所喜欢的，似乎并不是去咖啡馆喝咖啡，而通常是泡上一杯菊花茶，摊开本书静静地阅读；或根据彼时的心情，打开笔记本或铺开一张纸有一搭没一搭地随意记点什么；又或者，索性坐在一个靠窗的位置，放空大脑，看街边的人来人往，在自由安闲的时光里待上一个下午。

陈丹燕说16世纪土耳其的咖啡馆并不叫咖啡馆，叫读书房，那里供应两样东西——咖啡和书籍。人们去到那里是为了读书和讨论学问，咖啡馆也被称为“思想家的牛奶”。咖啡与书籍，应该确有如此的渊源吧？在书店工作长达17年、爱书如命的刘易斯·布兹比在《书店的灯光》一书中写道：“书店总是与咖啡馆相临近，这家的顾客也是那家的顾客，都是些有闲情聊天和思考的人。”咖啡香和书香融合的那一片自由芬芳的氛围，确实应是最适合“有闲情聊天和思考的人”的吧？有一天，刚踏进清华附中旁边的一家咖啡馆，陡然看到立着的一面大书架时，我刹那间就对这家店产生了无限的亲切感与好感。有书的咖啡馆无疑更有味道，更能吸引像我这样热爱读书、喜欢自由遐想的人们。

而以我个人的经验，待在北京的咖啡馆里，即使是中关村图书大厦对面相对安静的上岛咖啡，也总能看到和听到一些兴致勃勃谈工作、谈生意的人。他们满怀兴奋地谈论着工作计划、合作蓝图、致富梦想，泡咖啡馆的纯粹的闲情似乎日益成为奢侈之事。

而于某些特殊的时刻，比如参与“两会”报道期间或即将推出某个特别报道之时，我也会接上笔记本电源，到咖啡馆里工作，逃避办公室的纷扰，让舒缓的音乐和轻松的氛围冲淡紧张的心情和节奏。

我在欧洲遍布大街小巷的咖啡馆里看到的，更多的是悠闲、单纯的神情。也许就如陈丹燕所说，于工作时间光顾那里的大多是世界各地的旅行者吧。

陈丹燕所去过的咖啡馆随她的旅行遍布世界各地，免不了好奇心牵引下的走马观花和浮光掠影，但也常常不经意间被一些老咖啡馆，比如毕加索、梵·高、雷诺阿、海明威经常出入的蒙马特红玫瑰咖啡馆，歌德、门德尔松、司汤达光顾过，安徒生在那里写下他《即兴诗人》的罗马或希腊的咖啡馆等带入沉思或迷离幻想，被咖啡馆古旧的氛围感染，忍不住对文学艺术大师昔日的音容笑貌和各不相同的人生浮想联翩。那时的咖啡馆，就成了活的欧洲文学艺术史，尤其适合艺术家或写作者去感怀；像巴黎的双偶咖啡馆那样，是咖啡馆，更有一种文人的氛围。

而她笔下的咖啡馆，确实不乏待在那里安静写作的人。在我看来，那是最美的场景。

柏林西和柏林东的咖啡馆，透过咖啡馆的酒保和喝咖啡的人们，将柏林墙倒塌前后东西柏林的心情与境况描绘得十分生动。墙被推倒了，而根植于人们精神和心灵之中的无形的墙还存在着。“那条哈克榭霍夫旁边的”一个小院落的咖啡馆边，一度拯救了无数犹太人的奥拓·韦迪的小工场还在；那位在奥拓·韦迪的掩护下逃过希特勒魔爪的英格·道奇克兰女士还在，为人们讲述着她的故事，将德国的年轻人和各地的旅行者引入那段充满磨难的历史和沉痛的回忆……

在西方，除了教堂，咖啡馆是人们日常生活的重要一部分。西柏林的鲁卡斯咖啡馆，“黄昏时分，父母带着孩子来这里，孩子吃一大杯冰激凌，父母和朋友聊天。住在附近的学生摊了一桌子的书和笔记，和同学讨论功课，一杯接一杯地喝大杯的牛奶咖啡。也有单身的人，大多数是男人，带了书来，独自坐着，慢慢地翻，小口小口喝着啤酒。热牛奶的机器呵呵地响着。音乐不那么激烈，也不那么古板……”在这里，还常看到一些不年轻的人，看书、会朋友、吃冰激凌、等人。马德里的咖啡馆更多地与酒馆相似，嘈杂、热烈，侍者常常把你要的东西很响地放到桌子上，然后推到你面前，可他们却不是对你不满，而是习惯了用种种响声来帮衬屋子里的人气，让你觉得这里喧闹沸腾，让你心怀大开，将心里的各种禁忌渐渐瓦解，“所以西班牙的咖啡馆通常不是那种低吟浅唱的地方”。

陈丹燕认为，待在咖啡馆最好的事情是看人。的确，她笔下所记似乎全是咖啡馆里她的所见所闻和别人的活动，读着这样的文字我禁不住会想：在咖啡馆坐下的刹那，她难道就没有一点自己的内心活动或冥想吗，哪怕是想家？

正如世上有着太多不同的存在，人和人的感受自然也是不同的，在我看来，咖啡馆是最内在、最自我的地方。如我在书的第 109 页，读到关于柏林的胡迪尼咖啡馆只有半页的文字时于页脚所记：在咖啡馆，自我的内在冥想才是最自由惬意的。

（《咖啡苦不苦》，陈丹燕著，浙江文艺出版社，2014 年 4 月第 1 版，2014 年 12 月第 4 次印刷）

2015 年 4 月 2 日

穿越心灵的爱尔兰文化之旅

——读陈丹燕《我要游过大海》

这是陈丹燕爱尔兰的行旅作品，是深入到一个个小村落、一座座古旧城堡的寻觅所得，从那些古老的村落或废弃的城堡中，她试图找到曾经存在、已经消失的凯尔特人的蛛丝马迹，试图找到热情、优雅的爱尔兰人的根和传统。从那些散布着鬼怪故事和神话传说的古城堡和小村落里，她不仅找到了古老凯尔特人的历史线索，还找到了贯穿着爱尔兰过去、现在和未来的经久不息的文化脉络。

那些经村民不断口传的鬼怪故事，和古城堡黯淡沧桑的调子是那么吻合，和爱尔兰海边漆黑夜色中的黑崖灯塔是那么吻合，和爱尔兰酒馆中的笛声和古老小调是那么吻合，充满了神秘的想象和浪漫的幻想。大家围着火炉讲故事、听故事的情景是舒缓和迷人的，“姑婆时不时会往炉子里加块泥炭，保持茶壶里的水总是滚烫的。小孩子们就在那里听他们说”。这像极了我小时候的农村，姥姥在那时也曾给我讲了许许多多的鬼故事啊……文化和记忆的相通，确实会在某一个时刻超越语言和时空。陈丹燕沉迷于这神秘的调子里，暂时避开现实，获得一份意外的自由和自在，她说："这个不讲究实利与实证的世界，让我的心放松下来，宛如一把尺化为一汪清水。我不必事事丈量得失与对错，我能任意流淌，或者化为雾气，或者被盛在杯中，进入一个躯体。"在莫森顿神殿的窗前，她感受到了自然的圣洁，也感受到了与内心接近的气息："这一定是人原本的位置，所以当你重新回到这样的位置，你的心渐渐开始喜乐。"

在这神秘的调子里，她在书中时不时还穿插着《尤利西斯》《哈利·波特》和《魔戒》的意识流及幻想，穿插着乔伊斯、布鲁姆、叶芝和毛德。当看到在斯莱戈老城，她于叶芝博物馆楼上的阅览室里看到被翻译成世界各种文字的叶芝诗歌时，我联想到自己前不久的欧洲之行，禁不住在旁边写下："而在佛罗伦萨，我只能与但丁故居擦肩而过。"那一日，在佛罗伦萨的古老街巷里，我与但丁故居意外邂逅，但由于时间较紧，在导游的催促下却只能匆匆路过……想到在文艺复兴发源地的佛罗伦萨，我们只能待上一个上午，顿觉十分遗憾。相对于走马观花的跟团旅行，陈丹燕是幸福的。

而在不经意的某一时某一刻，身在异乡，作者也常会流露出不经意的伤感。在万圣节的当儿，她说："在我心中，欢愉中还有一种孤儿般的感伤，这孤儿在别人家过年，分享着别人家的快乐。自己的家已失去，不再复得。"

更多的时候，她陷入幻想。当写到都柏林时，她说：“我想，要是我二十岁，就到这里来读一个本科；要是我三十岁，我就到这里来读一个博士。现在，我的希望是，到这里来做一年访问学者。我的愿望是，能够自由地，甚至稀松平常地出入老楼，有张本校阅读证，能在大阅览室看几个月的旧版书。要是能得到优待，就让我戴上白手套，静静地读一下午写在羊皮上的凯尔经。”谁说这不是一件无比惬意、无比浪漫的事呢？

（《我要游过大海》，陈丹燕著，上海人民出版社，2010年5月第1版第1次印刷）

2014年8月25日

在伦敦，他动了真情

——读杨小洲《伦敦的书店》

杨小洲先生要送我他的新书《伦敦的书店》，我知道这本书是他专门去了一趟伦敦写出来的，并且他要送我的还是一本毛边本，所以甚是期待。然而没有想到，当书递到手里，打开包裹的刹那竟然对它一见钟情！这书还可以做得如此可爱、如此精美呀！850 毫米 ×650 毫米 32 开小开本，深红色 PVC 仿皮封面，电雕版烫哑光金色，超感纸前后环衬，阪田油墨四色印刷，书顶刷金……瞬间我被惊呆了！

翻来覆去观赏了两分钟之后，打开，看到俞晓群先生在第一页序文里写道："杨小洲任性，著书必求两点，要精装，要自己作序。前天早晨，他突然一反常态，怯生生地对我说：'能为这本小书写篇序言吗？'说心里话，我不大想写。往日对小洲的印象：常有奇想，偶尔不靠谱。其文字却有天赋，满纸纨绔气息，落于纸上……"呵呵，以我对小洲先生不多也不少的了解，概括得准确！再往后翻，就是尚未裁开的书页了。

摩挲把玩，不忍裁开。

半个月过后，我在朋友圈配图发了一条微信：是在看到这本可爱小书的刹那，我理解了小资产阶级情调的董桥何以喜欢在案头摆放小羊皮封面烫金设色花纹的《克兰弗德》，理解了俞晓群先生何以带着他的海豚社将书做得越来越讲究。版本和装帧之上附着的精神乐趣对于藏书者抑或出版者的价值或许非同小可。小洲先生的这个毛边本我拿在手里把玩多日不忍裁开，今日终于想通：书毕竟是读的，一味把玩，只怕舍本求末。于是果断裁开，今日开读。

在被裁开了的序文后半部分，俞晓群先生说："我赞扬他写得好，比以往写得都好。他以往写作不用功，用也会用到旁门左道上，此次他一反吊儿郎当的作风，在文字上用了真情。"

最初接触杨小洲的文字是偶然在机场遇见他的《快雪时晴闲看书》，温情的序言、闲适的笔调一度让我错将他当成了一位女性，后来见面才知道他原来是个大男人。再后来，陆续又见他的《夜雨书窗》，他的《抱婴集》，他的《逛书店》；等读到他的《玫瑰紫》时，就读出了他内心的小秘密，那是发生在伦敦的故事……

晓群先生说他以往写作不用功，让我想到小洲先生在微信里放松闲聊时说的一句话（我拿不准该不该在这里"出卖"他）："书读几页我就能写书评。"我信，他有这本事，他被俞晓群先生称为才子毫不夸张。而我就是想知道，他“吊儿郎当”时写的文字已很精彩，动了真情的文字又将如何？怀着好奇，一页页读下来。

俞晓群大概是在序中点评人物最到位的一个人，他看出了“纨绔气息”，看出了“吊儿郎当”，看出了“不靠谱”，也看出了书里的“真情”……我也读出了书里的真情。当杨小洲坐在伦敦已有250年历史的亨利·萨瑟伦书店，由一杯免费的咖啡垫底在书店盘桓了六小时；当他为了一本之前于百般犹豫中错过、之后又魂牵梦绕的精美华贵的《安东尼与克里奥帕特拉》而专门重返伦敦；当他在逛过三家书店之后，只为不错过与别家书店的偶遇，背负着沉重的“上帝教诲”（《圣经》）和“妖冶艳后”（《安东尼与克里奥帕特拉》）执意像圣徒一样步行赶回旅馆；当他土豪般一掷千金将信用卡刷暴，增加支付额度后又刷暴，欢天喜地从希思罗机场登上飞往北京的航班时身上只剩下两张5英镑的现钞；当他行李箱中满满当当的“块状物”两度引起海关的怀疑并招来缉毒犬，这真情便跃然纸上了。而当一本封二嵌有手工彩绘埃及艳后的《安东尼与克里奥帕特拉》撩拨得他心烦意乱，“回到酒店，满心思都是这本华贵的埃及艳后，一场人与书的艳遇逢着伦敦细雨，雾气氤氲的城市面纱羞涩意态朦胧，萍水相逢的爱情最惹相思……”，我在下面打趣地批注：此处亦有玫瑰紫啊。

不知晓群先生是否也注意到，那真情，离不开玫瑰紫。

在书的第 118 页，小洲先生含蓄地提到他的小说《玫瑰紫》是“社会现实的投影”“未有真实的体验”“全凭文学的虚构”……呵呵，读到这我乐了，小说家向来不可信，欲盖弥彰也是一种可爱。在亨利·包德斯书店，当一本蓝色摩洛哥山羊皮装订、令他一见倾心的书在钨丝灯下呈现出玫瑰紫时，他早已是大喜过望，把书拿在手中“不离不弃”了……这玫瑰紫情结，该是全书的最动人之处，亦是人生的动人之处吧？《伦敦的书店》，所有的真情是否都由此展开，亦未可知。“下次来伦敦”“下次再来伦敦”“待下回去伦敦拍摄”“再赴伦敦”，伦敦，伦敦！他在书中念叨了太多次回伦敦，或许他自己都未意识到。所有的真情，都是经由潜意识指引，下一次，他还会来伦敦的。

而杨小洲毕竟是个爱书之人，他爱伦敦，更爱伦敦的书籍和书店。记得以前看到互联网上有篇文章写他藏书的故事，文章配了一张他在家里的照片，那是一个什么样的家啊！他的家被里三层外三层的书籍围堵得只剩下落脚的地方。而早在很多年前，他就漂洋过海，乐此不疲地去寻找某本书的各种版本了，就像此次他在伦敦的萨瑟伦书店，为了一本随泰坦尼克号沉没的《鲁拜集》底本挥金如土；而在书店的角落里，却惨兮兮地捧着一杯咖啡、一块蛋糕当午饭充饥。但他的内心，是幸福快乐的。书籍就是他的精神食粮。

在萨瑟伦书店，他追索一百多年前历时两年精雕细琢、用时 2500 小时烫金、拼接嵌入 4967 块各色羊皮、镶嵌 1050

颗宝石、烫有三只孔雀的豪华《鲁拜集》与写书人、出书人、书的设计者、书店以及泰坦尼克曲折凄婉的故事。当珍贵的《鲁拜集》底本收入他的囊中，他喜不自禁："手边的这本《鲁拜集》集合了画家的故事、泰坦尼克的故事，还有萨瑟伦书店的故事，她或许有些贵，她肯定有些贵，但贵是有道理的，她的贵是为了等待缘分，等待花开，等待你来。正因为如此，伦敦之行让我精神富足、囊空如洗。"

在伦敦最古老的查哈兹书店，追索书店的历史，从这个拥有女王、爱丁堡公爵和威廉王子三个皇室御用证书的百年老店的辉煌过往，追索到英国人老派的文化传统以及今天人们对于书籍不变的热爱："英国人爱读书，常可于地铁或咖啡馆看到手不释卷的读者埋首书中，打发闲暇，因而路过书店进来买几本书填补时光，成了伦敦人的生活习惯。"这场景亦为我所熟悉：我不就是那个在地铁，在车上，在咖啡馆手不释卷并常常路过书店买几本书的人吗！只是在今天的中国，捧着手机的人比起捧着书籍的人已经占了压倒性的大多数，像杨小洲这样嗜书如命的人更是凤毛麟角了吧？

"一个世纪过去，福耶尔仍然是伦敦人喜爱的百年老店。"读到这儿，我不禁感叹：伦敦怎么会有这么多的百年老店呢？书香弥漫，如此的百年老店才是一个城市真正的品味所在。想起国内的实体书店正岌岌可危、苦苦挣扎，但同时也想起北京的三联书店24小时开业时，还是有很多的读书人欢呼、支持，在那一刻，人们看到，书籍，仍然被需要，那是一个城市的灯光，一个城市的灵魂，亦是一个城市的风景。书店，让一个城市更有韵味，让一个国家更有希望。杨小洲说："伦敦人日常普遍以读书为消遣，因此那里的书店经营者没有中国的书店经营者那么恐慌。"书店与读者，彼此支持，相互滋养。

当然，伦敦也有不入他法眼、让他感觉不够尽兴的书店，比如原始书店，"总觉得这家书店做得不够认真，也不够专业，很难感觉到情与趣，想起书店取名 Original 为名，但原始和狂野都不到位"。再仔细看，这是一家卖性主题书籍的书店。噢，这不奇怪，如俞晓群在序言中提到，连那家同性恋书店他都去过。

但凡任性之人，骨子里都少不了一丝浪漫，杨小洲于伦敦访书，那全然是一种"书与人相遇浑然忘我的境界"。而走出书本，他亦不忘不失时机地去接一接伦敦的地气："第二天伦敦小雨，从住地哈默史密斯区坐地铁到皮克迪尼只需十分钟，但细雨中观赏伦敦可体验别种情趣，搭出租车穿过海德公园，顺着皮克迪尼路再往萨瑟伦书店，目光与心情都在接受英伦的潮湿滋润……"

伦敦归来，虽然他收获了满满几箱子书，但面对书店里琳琅满目的更多书籍，他不得不忍痛割爱："或因为载不动这些书的故事，或载不动跟随书后的许多愁，也许留一个心愿等到下次再来伦敦再来萨瑟伦书店再与书结缘，让生活和故事继续，这样我还会见书起意，挥金如土。"

这个可爱的爱书人啊，在伦敦，真是动了许多情！

据说接下来，他还要写《巴黎的书店》。小洲老师，我还要！记得送我毛边本哦。

（《伦敦的书店》，杨小洲著，海豚出版社，2015 年 1 月第 1 版第 1 次印刷）

2015 年 8 月 22 日

爱，恒久穿越的力量

——读海莲·汉芙《查令十字街 84 号》

自从电影《北京遇上西雅图 2》上映之后，贯穿电影始终的这本《查令十字街 84 号》就开始红火起来。对于太过热闹的事物，我本来是保有警觉的，但在人们对《北京遇上西雅图 2》的热情渐渐冷却之后，无论是在颇具品味的济南品聚书吧，还是在当当网的醒目位置，仍见这本《查令十字街 84 号》屡登榜首。直到前不久，我被勾起买一本的欲望。

书昨天送来，一个晚上加一个早上的时间读完，期间充满了感动。这就是一个纽约的爱书人和位于伦敦查令十字街 84 号经营古旧书籍的马克斯与科恩书店之间往来通信 20 年的故事。故事当然离不开书，那是一些你来我往的书单、账目，有爱书人的迫切等待，也有寻书人的真诚寻找；有爱书人出于挚爱的欣赏与挑剔，也有寻书人尽力满足的恪尽职守；有爱书人收入不定的现实境况，也有作为书店店员的英国人物质配给不足的生活紧张；有美国人跃然纸上的自由与活泼，也有英国人天然自带的严谨和儒雅。海莲·汉芙像一个俏皮的小丫头，嬉笑怒骂，坦诚率真，与大洋彼岸的“诸位先生”自来熟般直接相见，以至于收到她的信成为大洋彼岸“诸位先生”最期待的事。从固定一个人——弗兰克·德尔视如职责地给她回信到个别员工偷偷给她写信（再到所有员工，乃至书店周边一位慈祥高寿的老太太也卷入他们的行列给她写信），信的称呼从“诸位先生”到“弗兰克·德尔”到德尔的妻子“诺拉”、员工塞西莉、“仁兄”和“亲爱的弗兰基”；从“敬爱的夫人”“敬爱的汉芙小姐”到“亲爱的海莲”“海莲亲爱的”“甜心儿”，肯定有人会问：究竟发生了什么？

20 年，总是会发生些什么的。

海莲·汉芙虽然是个朝不保夕、住在一个破公寓里摇笔杆子的穷作家，如她于从广告中看到这家书店，给他们写的第一封信中所附的书籍清单和对清单给予的特别说明：“如果贵店有符合该书单所列，而每本又不高于五美元的话，可否径将此函视为订购单，并将书寄给我？”实际上她过着拮据的生活，但在自此开始的长达 20 年的通信中，当她偶然从一个住在自家楼上的英国人那里得知，查令十字街 84 号和他们通信的这些可爱的店员们和其他英国人一样，正在经历物质配给不足的困扰，一个月可能才分到一个鸡蛋时，她慷慨地给他们寄去了鸡蛋、罐头。这份突如其来的礼物给查令十字街 84 号的他们带来了太多的惊喜，他们分享着这些珍贵的礼物，而这礼物，从此再未间断。

海莲·汉芙成为了他们心中最可爱的人。他们希望见到她，希望她有机会到英国来；他们将热情地款待她，给她准备好可以“持久居住”的房间。海莲·汉芙也屡屡动念，想到这个令她向往的地方一游。为此她期待她的剧本上演（这样她就能拿到一笔丰厚的报酬）。每当有意外的机遇和希望，她都会写信给查令十字街 84 号，告诉他们如果拿到了这笔钱，或许她就可以成行了。查令十字街 84 号，始终都在等待中。然而她的际遇也在不停地发生变化，糟糕之时甚至连买书的钱都没有了，只能让书店替她留着，然后一本本寄出。直到 20 年后，她收到书店另一名员工的一封回信，遗憾地告诉她 20 年来和她通信的主笔——弗兰克·德尔先生已于不久前去世，而书店的老板马克斯先生也已先于他离开了人世。这个不幸的消息，结束了他们 20 年的交往。而那时，英国的配给也已不再紧张，也不需要她再寄去日常的食品了。弗兰克·德尔的妻子、女儿怀着感激依然给她写信，并奉献出这些书信供海莲·汉芙女士出版，同时也表示遗憾：海莲·汉芙未在弗兰克·德尔离世前来到英国和他们见面。

然而冥冥中还是有一种力量，跨越了时空，感动了千万人的心。捧读此书，往复的书信文字十分简洁，但每有几欲哽咽的感觉——那绝不是文字的力量。据此改编的电影《北京遇上西雅图 2》也有这种力量。那是穿梭其间的爱和温暖，是超越了书籍、超越了书信、超越了时空和国度的爱所维系的——爱，的确是一种恒久穿越的力量。而一切，又是那么斯文。

好的作品，不是“作品”，总能让人看见光。

随着古旧书店的衰落和书店主营人员的相继离去，今天马克斯与科恩书店的遗址上只剩下一块牌子，上书“查令十字街84号，因海莲·汉芙的书而举世闻名的马克斯与科恩书店原址”。然而，前来凭吊的人依然络绎不绝。《伦敦的书店》作者杨小洲先生前不久在著书时也曾特意跑到这里，将他看到的情景通过书籍传递给包括我在内的读者。读书人的心，大概是相通的。这感人的过往，的确值得记取。

（《查令十字街84号》，海莲·汉芙著，陈建铭译，译林出版社，2016年4月第1版，2016年9月第11次印刷）

2016年11月18日

闲笔消磨话大英

——读陈平原《大英博物馆日记（外二种）》

这是学者陈平原访英期间的博物馆游记，彼时他和夫人的住处恰好在大英博物馆附近，凑足了的地利方便了他的游览，也促成了这本小书。而撰写此类“闲文”，则被他称为“学术休假”，是学术之外更富趣味的调剂。

日记写了他在大英博物馆的见闻和感想，每篇两个部分；除当日即兴的见闻之外，又另加了一段附记，是日后查考所得，或旁征博引，或思考追问，皆为视线之外的文化延伸。

几个月的消磨，得以使他将大英博物馆细细地浏览了一遍，虽然闲散，但总有所得，总有所感。在那里，他看到被国人熟视无睹的本土展品，也看到异域颇为陌生的个性化展示，有的如数家珍，小巫见大巫；有的令他措手不及，超出了自己的知识范围。于是他由衷感叹：“看来进博物馆还真有讲究，太熟没有新鲜感，太生则不知所云。”置身异国他乡，当被陌生的文字包围之时，他意识到图像超越文字的力量。相较于有着诸多区分的文字，图像作为同样的文化载体，在传递内容、表达情感方面显然更直接、更直观，局限性亦更小：“在一个陌生的文化环境里，图像所传达的信息，远比文字清晰，且更容易被接受。”于是很多的时候，他将展品拍下来，供日后研究。因为在不知其意的情况下，那些展品已于第一时间或因色彩或因造型愉悦了他的耳目和身心。

除展览的内容之外，他对于博物馆本身也有诸多思考。看到博物馆直观的实物展示，他联想到：“单就传播‘常识’而言，博物馆的功用，很可能远在书本与课堂之上。”这让我想起最近中国美术馆举办的潘天寿120周年诞辰大展就办得很好，不仅将潘天寿先生毕生的主要绘画作品分作四个展厅作了展示，还很花了一番工夫，对每一幅作品作了详尽的讲解和阐释，从笔墨到技巧，从构图到钤印，有文字说明，亦有图解标注，是普通观众的扫盲书，亦堪称专业美术学习者的上好教材。而这个展览，则是我见过的所有展览中布置最精心的，它使热爱书画的我深深获益。美术馆、博物馆办到这个份上，离陈平原所期待的“博物馆真正成为学校教育的有机组成部分”想必已经不远了。

“博物馆里，又见到那熟悉的一幕：手拿铅笔的孩子，在母亲的陪伴下，正一件件辨认着大厅里的著名展品，随后天真地填写在小册子上。”见到此景，陈平原感慨道：“什么时候中国的孩子们也能随意进出美术馆和博物馆”。不知道此文写于何年，中国的孩子已经是如此了啊！今天，中国美术馆、国家博物馆、首都博物馆、中华世纪坛，无不看到孩子们的身影。孩子们在老师或家长的陪伴下，拿着小本儿，对着墙上的作品一笔一画地认真临摹。在不久前国家博物馆的大英博物馆精品展上，我看到一个小男孩儿对着墙上的作品画画儿。走近一瞧，原来他在纸上涂抹的并不是墙上展品的内容，而是一辆可爱的小汽车。我忍不住莞尔一笑：这才是小艺术家的真性情。

大英博物馆之外，陈平原先生在英国自然也少不了浏览其他博物馆，比如闻名遐迩的福尔摩斯博物馆。在那里，他看到包括中国四川一名学生在内的世界各地的人写给大侦探福尔摩斯先生的信件，然而，“谈了大半天夏洛克·福尔摩斯，竟然忘了其创造者柯南道尔”。一个创作者将作品创作到这个份上，应该也是绝无仅有了。同样的，前不久国家图书馆的展览“从莎士比亚到福尔摩斯：大英图书馆的珍宝”也将福尔摩斯列为主角。

这本日记之为“外二种”，是因为在书后另附克里特游记和欧游散记，记录希腊及欧洲他处见闻，承继“学术休假”的闲散风格。

（《大英博物馆日记（外二种）》，陈平原著，生活·读书·新知三联书店，2017 年 2 月第 1 版第 1 次印刷）

2017 年 6 月 8 日

历史文明与当代遭遇

——读冯骥才《西欧思想游记》

借应邀赴欧演讲的机会，冯骥才为自己精心安排了一个旅行路线，将许多人文胜迹勾连起来，又突发奇想，决定边走边悟边写，“以一种全新的、不拘一格的、一任自然的文本写成一本书”。这个想法令他自己兴奋起来，于是他这样做了，后来就有了这本《西欧思想游记》。

他的行程从 3 月 20 日的巴黎开始，到 4 月 1 日的加莱结束，前后也就十几天，可一路记下来，虽如他所说，都是一时的发现、心得、情怀、感悟与灵性，却也饱满有趣，“带着那些时间与空间的美妙和鲜活”。那是一个作家的角度，也是一个文化遗产保护者的角度。

来到巴黎拉丁区，他发现距上次来这里已经十几年过去，但一切如故，“那所犹太学校，那家土耳其烤肉店，还有书店、药店、杂货店、地铁站口、道边的铁栅栏、古色古香的广告亭，甚至那家守在街口的海鲜店和卖中餐的‘小香港’饭店，全都依然如故；连街上那些老墙老门老窗也还是那样古老斑驳，但好像也不会再老了，永远一百岁或二百岁。”即使每十二年一次的维修，也都“整旧如旧”。而且在这里很少见到高楼和新楼，之所以如此，在他看来是政府没拿城市建设这种事当政绩，更没有“破旧立新”显示政绩，反而把古旧当作了“命”——巴黎人拿历史当命根子，意大利人和英国人更是如此。“关键不仅来自世界各地的游客喜欢这样，巴黎人自己更喜欢这样。他们连莫奈、毕加索或莫泊桑曾经坐在哪个咖啡馆里哪个座位面朝哪个方向喝咖啡都知道。”联想到自己，他说，“我们的文化病是从来没把文化当回事”。

巴黎是个文化艺术气息浓厚的城市，“巴黎的一多半财富在博物馆里”，在那里，作家兼画家的他大饱了眼福。除了去赴五大博物馆的饕餮盛宴，他还到吉温尼去拜访莫奈，到埃特尔塔看莫奈画的象鼻山，到儒勒去拜访凡尔纳，到加莱去瞻仰唯一放在城市广场上的罗丹名作《加莱义民》。在伦敦，他也忍不住跑到英国国家美术馆去看塞尚的《大浴女》、莫奈的《日本桥》、梵·高的《向日葵》和《麦地与天空》……泡在博物馆、名人故居和那些琳琅满目的艺术品中愉悦吸收文化和艺术滋养的间歇，他也曾到巴黎十三区法兰西大道漫步，感受巴黎的现代艺术。他对现代艺术的抨击同样引起了我的共鸣，他说：“当代社会有两种强势的力量在扭曲艺术，一是商品，一是媒体，当代艺术一边依赖资本的支持并受其操纵，一边正在步入歧途，只有少数真正具有个性和艺术自信的艺术家能站在它的反面。”文学亦是如此，“自由的文学并不是没有出路，它必须超越市场强大的约束，需要艺术家的心灵比市场更强大”。

作为一个作家，一个人文学者，进行这样的思考是自然而必要的。时下市场与文化，就在进行一场自然的较量，需要有思想、有担当的人文学者站出来，发出自己的声音：“市场泯灭知识分子之前，首先泯灭的是思想。因为市场不需要思想。”然而，思想，却是一个国家不能丢弃的精神和灵魂。

冯骥才先生这些年致力于历史文化遗产保护工作，比如古村落保护。为了让自然的人文形态在华夏民族的记忆中得以留存，为了让中华民族自己的古老精神得以在华夏大地上延续和传承，他正在尽自己最大的努力。在国外亦是如此。看到大大小小的博物里流失的中国文物，他感到十分心痛；而流失在民间的，一旦让他碰到，他都忍不住会力所能及地买回来，哪怕只是两三件。在伦敦一位教授的家里，当他看到这位教授收藏的十六幅《盘王图》、宋代纹胎釉十二生肖俑、晋南年画版、陕西提线木偶和陶瓷以及各代铜镜，他感叹并惋惜中国民间文化流失之严重，这对他的内心是极大的触动。面对珍贵的《盘王图》，他说：“当时我心中暗下决心，将这一批《盘王图》全部买回中国去。”

在国外，他看到大大小小的博物馆里陈列的中国文物甚至比国内展示的更齐全、更精美，这令他很不舒服。想起一百多年前中国的王道士将敦煌藏经洞里的宝藏一车车廉价拱手相让给了欧洲人，他说："历史从来都是在种种悔之莫及中过去的，今人能做的只有记住前人的教训，不再做拿文化换钱的王道士。"发出慨叹的同时，他也发现"历史没有记性"。近些年在海外的博物馆、古董店他不断地看到大批中国文物还在被走私，他一边痛惜一边反思："这些年究竟是谁把文化推到钱眼里去了？""文化产业化？这是个将我们的文化'送命'的口号。"

文物如此，城市如此，庙宇亦如此。"西方的教堂全是纯精神的，我们的庙宇大都商业化了，甚至有的庙宇还要搞文化产业。佛爷要钱，谁还信它？"此言不虚。当然，这不是佛爷的错，是世间俗人"王道士"的错。想起几年前在承德的大佛寺，导游带着我们拜佛，进几炷香竟让我们花了800块！

冯骥才给自己安排的是一次人文的旅行，所到之处，他时刻在获得启示。在去爱汶河畔莎翁故居的高速路上，他发现了莎翁为何能写出《罗密欧与朱丽叶》；在剑桥安静的校园，他看到思想的孤独，但他说思想需要孤独——"做买卖才怕孤独呢"；在爱丁堡的旧城堡里，他看到了古老的爱丁堡精神："一个地方的精神都是一种历史精神。历史精神是漫长岁月积淀与养育成的，经过世世代代的认同。谁中断它谁就破坏了历史，若要将破坏的历史修复起来仍需历史。"在不经意的交谈中，他听到剑桥大学教授对中国学者"沽名钓誉"的印象；看到牛津百年古屋的修缮技术，他想到或可借鉴到云岗石窟和大足石刻的保护上来……只是，更多的时候，他似乎是失望的。看到民居保护区被搁置一边无人问津，看到名人故居时刻面临被拆除的危险，看到世界珍宝在人们的漫不经心中逐日烂掉，他说："其实更大的悲哀是：我们不再要自己的历史了，我们只要口头上的'五千年'。"

在巴斯大学，他听一位印度裔教授说，新德里大学的学生百分之八十穿民族服装，北京大学学生的服装全部西方化，中国留学生更是这样。不光是服装，从大江南北城市建筑和街头店面的命名就可知道，无论是前不久出差从西安到渭南途中看到的"伦敦·伦敦"婚纱摄影、济南我熟悉的莱茵小镇居民小区，还是昨天路过北京中关村南路看到的维也纳大酒楼，都折射着一种崇洋媚外、盲目躁动的文化心态。

站在巴黎的塞纳河边，冯骥才想起了他的家乡天津叫得山响的口号：把海河建成塞纳河！他说天津是个华洋并存的城市，由于特殊的地理位置，1860 年以来，它成为西方列强进入中国的必经之地。中国和西方文化在这个原本是北方码头的城市里既激烈冲突又相互融合，这个城市的特质在仅仅五公里的海河两岸（或者说坐在海河船上）就能看得一清二楚，从这一条河所贯穿的城市形态就可以看到近百年西方人强行进入东方的历史，因此他在一次官方的会议上不客气地说："把海河变成塞纳河是愚蠢的，也是妄想。"会后这个口号不见了，但海河上却复制了两样洋货：一个是塞纳河上最华丽的巴洛克风格的亚历山大三世桥，一个是伦敦眼（放到海河上叫"天津之眼"）。当他站到那里，他说他感到了尴尬。假如文化真如他所担忧的那样在未来的某一日沦落殆尽，那么令人尴尬的事还多着呢。

西欧思想的漫游，愿能给予我们每一个人以深刻的启示。

（《西欧思想游记》，冯骥才著，生活·读书·新知三联书店，2014 年 1 月第 1 版第 1 次印刷）

2015 年 9 月 10 日

从历史中汲取精神力量

——读冯骥才《天涯手记》

冯骥才在《关于读本》一文中说，选本分三种——名家或学人选的普通选本、作家的自选本和出版家选的读本。而“作家的自选本应是一种自我的评介，自选本的选目肯定与众不同，因为每个人心中的自己决不同于别人眼中的自己”。他的这本《天涯手记》应该是个自选本，不但别具特色，而且写得有声有色，集独特的眼光和唯美的刻画于一体，将作家和画家的气质表现得淋漓尽致，读来是一种享受。

书分四辑，分别是巴黎手札、维也纳生活、英伦三岛和俄罗斯的沉思。它不是浮光掠影，而是他于一个月或两个月的小住期间访学加散步，从容地感受那里的气息和脉搏，将欧罗巴的文化内涵和精神气质勾勒得活灵活现。书的整体格调是明亮动人的，带着四季的芬芳和缤纷的色彩。他写到的每一处都有画面感，因此读来令人十分愉快。

他以作家敏锐的感触和独特的眼光捕捉到一个城市的独

特气息，比如他将巴黎的浪漫归结为巴黎的吻，说街头的吻是巴黎最迷人的风情和最深刻的风光：“我见过一对年轻人走到大街中央忽然紧紧拥抱、热吻起来，来往的车辆全都不按喇叭，而是鱼贯地绕过他们前行。热吻中情人脚下的土地，永远是巴黎街心的安全岛。这样的画面除去巴黎，大概只有在电影中才能出现。”由此他联想到中国人的街头亲吻，更像是一种勇气的公开张扬，或是一种反传统的方式。而法国人的街头亲吻则是亲吻本身。他们完全听凭于情感。如果说法国的浪漫与美国的浪漫亦有不同的话，那么在他看来，法国人的浪漫更具精神意味，而美国人的浪漫直通着性。去年在巴黎，由于行履匆匆，我没有太过留意巴黎人的热吻，但却见到塞纳河边幽静栈道上的情侣携手漫步，闲闲散散，别具诗意。当游船经过横跨塞纳河的大桥时，我也曾见到面带笑容的法国人抱着的小男孩张着小手热情地向我们挥舞。那是巴黎的另一种浪漫，带着温热的气息，刹那间给人以好感。

而冯骥才感受到的巴黎，还不止这些。他诠释的巴黎女郎，没有人们印象中的摩登：“她们的服装原来那么普通和简单，平时几乎不穿名牌，款式也很少标新立异。他们所理解的‘时尚’大概只是四个字——回归自然。所以，她们最喜欢宽松自如而决不碍手碍脚的休闲装，鞋子基本上是平底的，很少高跟；手包大多平平常常，头发全是自然而然地一披或一绾。”巴黎女子在服装的色彩搭配上有极高的修养，颜色是一种品格、情感、个性，或者说就是她们自己。“这些巴黎女子站在那里，有的如一片早春，有的如一片熟透的秋，或一片茫茫的暮雨。在她们身上不大会出现一块不伦不类的色彩的噪音。尽管每个巴黎女子的服装都有其独自钟情的色谱，但她们站在一起时却极其和谐。这真的就像卢浮宫里的画，每幅画都有自己的色彩与风格，放在一起却优雅又协调。”是啊，谁说守着卢浮宫灿烂文化的巴黎女子没有受到悠久历史的熏陶呢？而一日在对面咖啡馆安静读书的女孩于作家的笔下被推到了美的极致：“秋日把她照得分外明亮。她坐在那里很美，她使那边整个街角都变成了一幅画。她正在低头读书，同时享受着日光与咖啡。”对于这样的场景，我并不陌生，无数个闲暇或忙里偷闲的时光里，我也曾是泡在咖啡馆或麦当劳安静读书的那一位啊。在某一个瞬间，我也会成为别人印象中唯美的风景吗？想到这我不禁莞尔一笑。被书籍浸润，的确是件美好无比的事。

而巴黎沉稳娴静的一面还表现在“喜欢在所有颜色里都加进一点灰色”，他们的建筑也一概是灰白和浅褐色的。“文化浅显的国家爱用艳丽夺目的原色；文化深远的国家则多用中性和色差丰富的复合色。”而一个国家的文化是否浅显，恐怕还不能拿历史的长度来证明吧？一个历史悠久的国家，是否更应该加倍珍惜、尊重自己的文化，以增加文化的厚度，凸显文化的价值，继承文化成果，并以不息的活力和热情创造和发展新的文化和文明？作为一个优秀传统文化的积极保护者，冯骥才先生触景生情，时不时地也会发出一些叹息。他注重的，是一个国家和城市的精神财富和文化内涵。在存放卢梭、雨果和伏尔泰遗骨的先贤祠，他看到的不是伟人的累累硕果，而是非凡的思想历程和个性精神。在他看来，这些伟人奉献给世界的，不只是一种美，不只是具有永久欣赏价值的杰出的艺术，还是一种思想和精神，是擎起民族精神的巨柱（不只是艺术殿堂的栋梁）。作为一个以美为信仰的人，这引起了我的思索：这世上，还有比美最高、更庄严的境界吗？“真正打动人的是一种照亮世界的精神。”思想和精神不能被纳入美的范畴吗？而毕竟，我看到了冯骥才先生不同的表述。依着这精神，先贤祠被他看作巴黎乃至整个法国的灵魂：“只有来到先贤祠，我们才会真正触摸到法兰西的民族性，她的气质、她的根本，以及她内在的美。”

他还写到巴黎的音乐、巴黎的博物馆，写到法国人对文字有滋有味的咀嚼，以及一只脚站在优越的现代世界，一只脚仍留在优美的历史空间，既享受物质又享受精神的人生态度，而拉丁区的华文书店友丰书店在作家的笔下更是一道亮丽生动的文化风景。“许多人到此一为买书，一为了解最新讯息，以摸清各地文学与社会文化的走向……此地此景，颇似沙龙。这样的书店在整个欧洲唯巴黎才有。”而他在与友丰书店的交往中，还偶然发现并拜会了傅雷在巴黎的故居。那里没有牌子，但他怀着敬仰，在心里记住了这“中法之间一座精神桥梁的伟大建造者”的居所——卡尔曼街三号。

我真的被他写的巴黎迷住了。如果再去，我希望我也能有机会停下来慢慢地感受。

而维也纳的浪漫灵魂和音乐气质从他的角度看去同样迷人。当有记者让他举出三个给他留下特殊印象国家的女孩加以评论时，他说给他留下最美印象的是波兰女孩，虽然她们神态各异，但都关心打扮，以美好的气质表达她们良好的修养；最没留下印象的是意大利女孩，因为意大利简直就是人类的艺术宝库，米开朗基罗、贝尔尼尼、切利尼等等那些艺术大师举世闻名的作品就在大街上，比比皆是，谁还会注意她们？意大利女孩是一片空白；奥地利姑娘属于音乐，奥地利人全都属于音乐。“在这个国家任何一个小酒馆里，你只要随口一唱，立即会有人随你同唱。这个连呼吸都带着音符的民族，对那些不会的歌儿，唱上几句，也能跟上……奥地利的音乐和歌，比酒更能使人忘记一切。”而奥地利姑娘让你明白，行为的浪漫不过是表面的波澜，真正的浪漫是灵魂的浪漫。“它来自音乐，因为一切艺术都是灵魂浪漫的成果，而守规矩的灵魂不会产生伟大的艺术。”

音乐和鲜花，将维也纳的浪漫表现到极致，这两样东西不仅浸入到维也纳人生活的方方面面，使它随时随地都被无声地感知到，而且已经成为维也纳人深入骨髓的一部分。五月的维也纳公园里被鲜花装饰的音乐指针，园艺师们别出心裁用白玫瑰和冬青搭起的芬芳的三角琴，将维也纳的灵魂表达得淋漓尽致，给作家留下丰富、灵动的美好印象。

他还以比照的眼光将奥地利人放到欧洲的大环境中去凸

显其性情、理念。“奥地利人和意大利人在保护古城上的想法全然相反。意大利人绝对不把老墙刷新，让历史的沧桑感和岁月感斑斑驳驳地披在建筑上，他们为这种历史美陶醉和自豪，在罗马、佛罗伦萨、西耶那，连墙上的苔藓也不肯清除掉；但在奥地利，每隔一段时间建筑要刷新一次，他们总想感受到昨日的辉煌。于是，在维也纳城中徜徉，真的会觉得时光倒流。”维也纳人懒散松弛，踏着缓慢的节拍生活，冯骥才说，看到他们到处光着膀子躺在绿地中央睡大觉，或是在街头咖啡店一坐几个小时，或是开车去到城外泡在湖中，无法想象他们怎么工作或靠什么活着。“如果计算走路的速度，日本人比奥地利人至少快五倍，美国人比奥地利人快七倍。全维也纳人走在大街上都像是散步。”就连维也纳的咖啡馆都与巴黎不同，巴黎的咖啡馆人挨人显得紧促，在维也纳泡咖啡馆就像舒舒服服地坐在头等舱。但奉行享乐主义的他们在对待生活细节的问题上又像日本人一样精致，从家园的布置到园林的规划，都彰显着维也纳人的唯美用心。他们和其他欧洲人一样精心地保护自己的城市，将自己的历史精神看得至高无上，不把历史遗物看作岁月的垃圾，还处处使人感受到人性和温情。

作家还记录了他在维也纳看到的三个奇迹：在咖啡馆与人聊天时觅食的小鸟在他们中间“刷刷”地飞过；在餐馆就餐时葡萄酒刚刚斟满，就有蜜蜂飞落在杯沿上；附近停着的一辆白色小轿车后面被装了一个铁架子，上面放了一个奥式的长条花盆，金黄色的菊花正在盛开……“世界上哪里的人会把鲜花装在车上，带着它到处奔跑？只有维也纳。维也纳是个生活的城市。但他们不是为生活而生活，而是为美、为享受美而生活，他们的一切生活片段都可以转化为圆舞曲，所以才出现了圆舞曲之王施特劳斯。如果说莫扎特是萨尔茨堡的灵魂，施特劳斯则是维也纳的灵魂。也许它不够深刻，但它把人类快乐而华丽的美推向了极致。”这就像黄永玉在《沿着塞纳河到翡冷翠》中写的艺术、绘画之于佛罗伦萨，身置其中，是会有一种气息扑面而来的；那气息被作家、画家捕捉到，便永久定格在他们的作品里了。这同样是一笔历史的财富。

在这一辑中，他还讲了维也纳森林的故事，谈了维也纳春天的三个不同层面，回忆了在维也纳买古董。生活本身就是文学，他的故事和讲述异常流畅。“读万卷书，行万里路”是成就文学（更是成就生活）的美妙选择。作家也说：“你发现的，才是真正属于你的。”对于作家更为要紧的，作家最大的幸运，就是能从生活中获得新鲜而又独特的第一手材料。

英伦三岛在他的笔下是另一番情状。“当汽车驶入市区，在我面前展开的却是一幅几乎一成不变的古老的伦敦风俗画。古老的哥特式建筑，大厦、教堂、钟楼与尖塔，到处是木结构旧式屋宇，到处是平展的绿草坪，到处竖立着古代名人的金属雕像。在波光粼粼的泰晤士河上，架着大马路一样宽阔的闻名世界的滑铁卢大桥。它洁净又灰暗，美丽又深沉，高雅又古朴，只有伦敦才是这个样子！”保持古老的风貌是英伦留给作家的显著印象。伦敦最高的一座楼只有五十三层：“这座楼要是搬到纽约去，恐怕就像一只不起眼的小狗儿了。”英国政府甚至通过法律：旧建筑只许加固，不得推倒另起高楼。这是一种态度。

对于公园，英国人因要保持与天然接近的自然风貌而少加修饰栽培，亦不加围墙，不武断地将人与自然隔开。而在建筑、宴会、人际交往等方面，英国人又尽力保持大不列颠贵族绅士的历史传统和古老遗风，赴宴会着黑礼服、白衬衫、黑领花，一丝也不能马虎。英国人决不认为现代的设备是最值得自夸和向人炫耀的：“现代设备给人带来方便，是供人享受的物质；而古代的、先辈遗留下来的、为数有限的物品，包含着历史内容和民族特色，才是一宗真正值得自豪的精神财富。”怀旧是他们最可意的精神享受：“一切都是旧的好——这几乎是每个英国人对待他们的世界的看法。虽然这里边也包含着他们保守的一面，却也表现了他们对于古代文明的高度重视。其间，有文化教养，也有爱国精神。一个不知道什么是自己民族的财富的人，谈起爱国就不免肤浅和盲目。”

像很多钟情文学的作家那样，冯骥才先生的视线离不开文学，他特别写到勃朗特三姐妹和莎翁故居：他们的贡献恐怕已不只局限在英伦了，而早已成为全世界共同的文化遗产和精神财富。这奉献，若用佛教的话说，也应算作一份大功德吧。沿着这路，我也将坚定地走下去。而莎翁故居同样给了冯先生巨大的震撼：“在一片依旧是中世纪栅栏格式的街区里，莎翁的老屋、1574 年出生的登记册、去世时举行葬礼的圣三一教堂、演出过莎翁剧作的剧院、克洛泊顿石桥，直到他父亲供职的镇政府的小楼，以及他家那些做铁匠、酒商、肉店、零售商的邻居与亲友的老宅，还都原样地保存在原地。这是谁的决定？怎么从来没人想去拆掉开发建楼呢？”这叩问，是有力的。联想到国内的城市被改造得面目全非，践踏文物像践踏垃圾一样，作家不止一次流露出由衷的惋惜。

他笔下的俄罗斯却是一派萧条落魄的景象，在经济不景气的大背景下处处透着凉意。初抵俄罗斯，在俄罗斯作协请其下榻的破败杂乱的小楼里，他就嗅到了这寒冷的气息。在《文学在乞讨吗》一文中，他禁不住对当下的文学处境进行反思，发出一系列追问：一个完全断绝了国家支持的作家组织如何生存？为什么而生存？只为了作家的福利与出版而斗争吗？作家们已经由苏联时代“一揽子全包”的方式，到现在撒手不管，任由市场优胜劣汰了吗？他们的文学艰辛吗？饥饿吗？乞讨吗？挺得住吗？浮躁吗？闹着下海吗？他们改写畅销书和电视连续剧或者按照电视连续剧的规律写小说吗？他们搞笑、作秀或吊人胃口吗，还是给媒体送私生活的“猛料”来提高自己作品的商品性吗？这是触景生情，还是作家蓄积已久的感慨？

随着接触的深入，他对俄罗斯的性情和面相逐渐有了更多的了解。在卫国战争纪念馆，他看到俄罗斯人的历史观：对于有污点的巨人，不能随意把他化妆为一个小丑，也不给他盖上遮羞布。“历史的本质是客观，不客观的历史乃是一种欺骗。只有客观的历史才有借鉴意义，并有益于后人与未来。”在俄罗斯人的乡村别墅里，他为爱休息的俄罗斯人找到了注脚：从空间来说，俄罗斯才真正称得上幅员辽阔。任何两个地方的距离都不会很近。房子大，街长，两个城市之间最少也要跑上一天。从时间上来说，白天日照太长，太阳从清晨六点一直照到晚上十点，如果下午三点还没吃午饭、下午的事还没做，他们一定会告诉你，不急，时间很长。独特的物候，也养成俄罗斯人嗜酒和伤感的性情。“在寒冷的北方，酒能给予人们身体以热能，也是心灵的一种慰藉。”“伤感是对逝去的生活的惋惜与怀念，对美好往事的留恋与追忆。无论是列维坦的绘画、柴可夫斯基的音乐，还是屠格涅夫和契诃夫的文字，都深深而浓郁地浸透着这种情感与气息。伤感是最深切的情感。因而，这个民族是情感化的。他们容易感动，或感受到别人被感动的心。他们便自然成为一个艺术上才华横溢的民族。他们没有缜密的思维，却有随时到来的灵感；他们不喜欢数字的绳索，而热爱诗样的放纵的酒。所以他们缺少大哲学家，但在诗歌、小说、音乐、绘画、戏剧、舞蹈等方面都有着世界超一流的大师……这因为一切艺术行为的本质全是感情行为。”回想到过去在中国国家博物馆看到的俄罗斯巡回画派的展览，除了大自然的风光占据了重要位置，展示人与自然的关系，对人本身的关怀也占了极大的篇幅：木匠家庭的欢乐瞬间、喂鸽子的少女、隐修者，都给人留下极为深刻的印象。而让我没想到的是，冯骥才先生在游历中还发现，俄罗斯的文学家中，除普希金外，其他如屠格涅夫、莱蒙托夫、茹科夫斯基、果戈理、列夫·托尔斯泰、马雅可夫斯基等全能画一手好画！一切的艺术原本都是相通的。一切有生命的艺术都会挣脱文字，挣脱画布，挣脱石材，附以血液的流动和生命的呼吸，从而忘记了其为艺术，为文字，为画布，为石材。超拔万有，回到本源。从这个意义上说，文学与艺术的界限也微乎其微。不仅仅是文艺，宗教，哲学，科学，技术，一切的一切，到了至深至高处均是相通的，并展示出无限开阔的图景。这令人惊讶，或许也并不令人惊讶。

按照惯例，他拜会柴可夫斯基故居，拜会托尔斯泰和列宾故居，均是为了从那里汲取营养和精神动力。而我，亦是如此。

（《天涯手记》，冯骥才著，文化艺术出版社，2015 年 1 月第 1 版第 1 次印刷）

2015 年 12 月 30 日至 31 日

那缕文明的曙光

——读林达《带一本书去巴黎》

听名字，像是一本通俗的旅游指南，并未引起我特别的注意，是在看到“三联书店”的刹那决定买下的。

果然，这本书包含了太多的思想和历史文化内涵。

寻找巴黎的书原本是想为即将到来的巴黎之旅做点准备，没想到这本《带一本书去巴黎》远远超出了普通的“游览”范围，为我提供了一个意想不到的视角。全书以雨果的《九三年》为线索，以法国的“大革命”为背景，对照美国以及中国的“革命”历史展开，试图在反思和回望中找寻历史发展的规律，给人类的文明与进步以有益的启迪。

正如作者所说，历史上每一次伟大的革命实际上都不像想象的那样轻松与浪漫，每一次革命都意味着流血和牺牲。当立于巴黎大大小小的教堂、城堡之间，忆及发生在那里的太多的杀戮和戕害时，她禁不住感叹：“人类向前迈出一步是多么的艰难。”“这些文明与野蛮的交替，辉煌与黑暗的碰撞，人文精神与兽性的重叠，让今天站在中世纪城堡上，站在达·芬奇的纪念小教堂，和悬挂过成片尸身的城墙之间的我们，说不出的迷茫。”一边是亢奋辉煌的文艺复兴，一边却是惨无人道的麻木残杀，历史常常忽略了细节，在被概括和抽象之后，展现给人们的，有时只有貌似光鲜或冠冕堂皇的一面。因此她感慨：“我们的目光被艺术的光芒照射得眼花缭乱。我们因此相信，那就是一个人文的时代。这实在太小看历史的惯性。”

当熙熙攘攘的游人由衷赞美巴黎哥特式建筑的精美之时，林达的心情是复杂的。她试图将人们的目光从金碧辉煌的宫殿和美轮美奂的城堡引开，带领读者进入中世纪城堡的地牢，让人们了解历史上的巴黎在优雅浪漫之下一度隐含在暗处的残酷迫害；她试图将人们的思想从规范的教科书中抽离出去，带领读者去看伟大的“革命”曾经给成千上万的无辜民众带来的深重灾难；她试图从被概括或定论了的历史中，还原一点更加真实、更加鲜活的迹象。那是一个人文的视角，更是一种悲悯的情怀。她的努力会是徒劳的吗？

她在书中穿插着对文学和艺术的陈述与思考，告诉人们文学和艺术在推动法国文明的道路上功不可没。“知识的快速积累，思想的飞跃，是以法国知识阶层获得了思想的宽松环境为前提的。”此时作者联想到中国知识分子阶层截然不同的命运和遭遇。当人类在注定了的历史车轮下经历共同的起伏和动荡之时，由于文化选择的不同，社会在细节之处依然呈现出不同的局面："欧洲的中世纪以政教合一玷污了宗教精神，我们以政儒结合毒害了本应是独立的学者阶层。"《巴黎圣母院》《三剑客》《基度山恩愁记》《悲惨世界》，这些闻名于世的文学作品不时穿插于字里行间，和眼前的景象交相闪现，成为本书的另一条隐含线索。在作者看来，这条线在巴黎，在法国，从未消失或被忽视："在法国，从来就有两个君王：法兰西人民除了他们的国王，还有一个思想和艺术的君王。而前者，常常在心灵深处臣服在后者的脚下。这就是法国为什么是法国，巴黎为什么是巴黎的原因。""也许，这种历经革命都从未中断的、无可名状的对文化艺术的敬重，正是法国文化能够持续辉煌的原因。"即使是社会变革，究其根本，她也认为不是由街头民众在推动，而是思想。

在对历史进行了大量梳理之后，作者似乎有意在全书的末篇《从拿破仑回归雨果》一文中点题。当看到拿破仑的灵柩被法国人迎入凯旋门 45 年之后，作家雨果的葬礼也在凯旋门下举行，她说："四十五年前，巴黎人倾城而出，送过凯旋门下的，还是一个站在云端的'伟人'。四十五年后，他们相随送过凯旋门的，是为所有弱者呐喊的一个作家。几千年欧洲文明的积累，才最后在法国完成这样一个变化。从这一天起，法国人终于明白，不是因为有了拿破仑，而是因为有了雨果，巴黎才得救了，法国才得救了。"她想让人们知道，人类，是在温和的目光和柔软的心灵照拂下迎来文明的曙光，而非残酷的武装和暴力。

而我无法想象，因为读了这本书，当几日以后自己踏上法兰西的土地，又该有一番怎样的感触和感想呢？

（《带一本书去巴黎》，林达著，2002 年 5 月第 1 版，2013 年 8 月第 2 版，2014 年 3 月第 20 次印刷）

（注：本文刊发于 2014 年 8 月 20 日《中华读书报》）

2014 年 7 月 21 日

现世的平民巴黎

——读扫舍《灰屋顶的巴黎》

“灰屋顶的巴黎”，听名字很生活、很平民，很有镜头感。如果说刚刚读完的《带一本书去巴黎》透着历史的沉重与压抑的话，《灰屋顶的巴黎》则充满了现世的、“那一刻”的愉悦。

但它仍不是一本普通的游记或旅游手册。扫舍嫁至法国，几乎各半地生活于上海和巴黎，近距离和“停下来”的她对于巴黎才有了不同于普通游记作者和旅游手册编者的理解。她笔下的巴黎是居家生活和点滴琐碎的巴黎，是中法文化和习俗碰撞、融合的巴黎，当然，与普通家庭主妇的日常笔记又有区别，其间穿插着对于生活、艺术、文化以及人性的理解，敏感细腻，感觉很“文青”。

也许书写就是她生活的一部分，她将生活的点滴记录到纸上：去某地听了一场音乐会，在一个不起眼的小村落拜会了一名艺术家的私人博物馆馆长，在自己的老房子里无意间邂逅了曾居于此的画家芬妮，她都用心地记下来。在文字里，她写香榭丽舍大街，写 8 月“沉睡”的巴黎城，写塞纳河边的沙滩节，写环法自行车赛，写 60 岁的邻居维拉，也让我们看到巴黎街头出入咖啡馆、艺术家私人会所的雨果、肖邦、罗丹、大仲马和小仲马、福克纳，让怀着好奇和想象，重现那个群星璀璨的浪漫时代。

看得出来，书写，使她的生活慢下来并充满了诗意，舒缓而又从容。尽管为装修自己在巴黎郊区的家她也曾挥汗如雨地刷墙，尽管浪漫喧嚣的巴黎也曾于某一个时刻使她感到“寂寞”，但整体的调子里，她是激昂的、明快的，明快但不张扬。她将自己放置于生活的大背景中，成为平凡但却实在的一分子。就像她走出乔治桑的故居时说的：“虽然这不过是一个不出名的小村子，但总是有些人如我一样在这里和她邂逅相逢，作短暂的停伫，唏嘘感叹，缅怀这个卓绝的女子的传奇，然后断续上路，断续我们平凡的日子。”

在平凡的日子里，她依然有她的所思、所想、所感、所触。某一日当她在卢森堡公园的草坪上不慎被人偷去了包以及包里的护照等一切证件，刹那间成为了一个“无身份”的人，她的内心充满了惶惑和不安。在那个无助的时刻，她写道：“只有你知道我是谁，我想。这个你，接受的我是一个具体的存在，真实地触摸过我，知道我皮肤的温度；这个你，熟悉我的微笑的体征，红色的胎记，手臂留下的不会消失的伤痕；这个你，记得手指穿过我发间时的柔软，还有那些缠绕在指尖的纠结；这个你，总是会知道我是谁的，无论我有了怎样的名字，说得怎样的语言，换了怎样的容颜，这个你总会穿过时间和空间认出我来，知道我究竟是谁。”继而她发出感慨：“许多时候，我们只记得一个人的社会属性，那些定义，那些标签，那些外在的符号。是否真的有一个你，能认识一个毫无装饰的赤裸的生命呢？听上去，这有点像爱了。”

不知道为什么，这竟莫名地触动我。每一个人，是否都面临这样的命题？或者说，每个人的生命里，是否都延伸着这样的渴望？

没有爱的心灵是空虚的心灵，没有爱的生活是僵死的生活，扫舍努力将自己的生活过得有滋有味。无论如何往来穿梭，她始终是一个现世的注重生活的女子。巴黎契合了她的心愿，这成为她爱巴黎的理由。在书的最后，她说：“仔细想来，巴黎其实不是造梦的地方，这是一个生活的地方。我在巴黎学会的是一种生活态度和方式，那不是如何追求成功的价值，而是如何在最日常的生活中寻找美和温暖，它让一些平凡的人在这里找到了安慰，为此，我爱巴黎。”

（《灰屋顶的巴黎》，扫舍著，金城出版社，2014 年 2 月第 2 版第 1 次印刷）

2014 年 7 月 26 日

批判现实的写作

——读大江健三郎《定义集》

虽然不读小说，更不会写小说，但有一日走在路上，忽然感觉有些事情非常适合写成小说。那一刻仿佛理解了小说家——小说家触及的大概是现实的深刻。

这种感觉印证到大江健三郎身上非常贴切。他的《定义集》是一本随笔集，又像是一本杂文集，字里行间带着小说的质地。近百篇短文无所不包，大体归纳起来，有对战争的观察，有对教育的思考，有对战后人类生存状态和思想状态的担忧，有关于阅读和小说写作的见解，其核心不外乎对社会现实的关注。

作为“战后那一代人”，他的很多视角被锁定在了战争上。对于二战，对于中日战争，对于广岛原子弹爆炸和冲绳民众的集体自决，对于是否禁止核武器，他都给予了特别关注。因为一本重现日军逼迫民众集体自决这一史实的《冲绳札记》，晚年已经七十多岁的他还曾被当事的反对派告上法庭。

虽然经过了一番波折最终他胜诉了，但过程却是艰难的，正如很多正义的声音取得胜利都付出了艰辛的代价。

也许正是对社会现实习惯性的深切关注与反思，使他在鲁迅身上找到共鸣，并因此与中国当代作家（像莫言、铁凝、闫连科等）建立了联系。如他在书中所述，自幼年母亲送给他《鲁迅选集》那一刻起，这种因缘或许已经注定了。他的随笔集流露的依然是小说家的犀利和冷峻，仿佛时而能见到鲁迅的影子。

在书中，他也穿插地谈及文学，向青年作家（尤其是小说家）谈及自身阅读和小说写作的经验。他介绍了自己重复阅读和记卡片的习惯以及自己在20岁时立下的终生写作的志向。他的阅读、写作都带着批判现实的倾向："就国家生命而言，文学发挥的另一个重要作用是批判精神……优秀的文学，将从根本上质问我们所生存的世界。"他不止一次地提到"纯文学"，表明他自己的文学观点："从长远看，我相信所谓文学将只有纯文学。"虽然他看到纯文学在当下正在失去读者，但他依然坚信自己的看法，同时期待文学与读者的关系未来在更为广阔的领域重新构建。

这也是我的文学立场。

在书中，他也时而提到其智障的儿子，然而看得出来，相爱相守的妻子、儿子与不离不弃的骨肉亲情仍是他最感幸福的精神支柱，家人共处的温馨情节也给他的文字增添了暖意。

此前对于大江健三郎我并不了解，是冲着诺贝尔奖买来他的书的。但说实话，这本书翻译得疙疙瘩瘩，我也就疙疙瘩瘩地读了下来——有时候遇上平庸的翻译，而书又能勉强读下来的话，只能尽力用自己的想象去理解其中的精髓了。

（《定义集》，大江健三郎著，许金龙译，新星出版社，2015年1月第1版第1次印刷）

2016年12月6日

不同的视角

——读村上春树《终究悲哀的外国语》

也许是村上春树是小说家，而我独钟散文的缘故，在此之前虽然每与村上先生的小说相遇，但却始终没有交集——此次从当当网上购得这本《终究悲哀的外国语》和他的另一本随笔集《无比芜杂的心情》，原本也是怀有着一颗好奇心，试图从他的文字里领略一点这个作家的气息。

《终究悲哀的外国语》主要写的是他在美国普林斯顿大学做访问学者期间的见闻和感想，没有惊天动地的故事，也没有轰轰烈烈的壮举，正如他说自己的人生没有太多跌宕起伏一样（当然，他的原意是，那些自称“经历可以写几本小说”的人未必真能写出小说，而人生不曾跌宕起伏的人见微知著，恰恰更接近小说家的角色），其娓娓道来的文字里透着一股淡泊的性情。

文章写于上世纪 90 年代初，彼时 40 几岁的他虽然不时感叹自己“不那么年轻了”，到了该安顿一处的时候，但跟随内心的指引，他“得过且过”，还是选择了留在异国。在那里，他自觉不自觉地在两国之间做着比较，所见、所闻、所想，都在美国和日本之间作着“喜欢”与“不喜欢”、“适合”与“不适合”的权衡。喜欢跑步的他看到在美国参加马拉松赛随时到来随时报名随时去跑、没有开幕式没有官员致辞、不须填写“所属团体”及一切无关信息的随意，联想到日本的马拉松报名不仅在开始前一个月就截止了，而且还要“多此一举”地印刷姓名册，开幕式当天会有一大堆打着官腔的领导讲话；为了保证开幕式不冷场，让领导“面子”上好看，工作人员会要求参赛者提前三小时到场。更令他不解的是，在日本，马拉松比赛报名者还要填写“参加马拉松前一周是否有过性交活动”之类尴尬的调查问卷，他说美国的比赛更令他感觉轻松和愉快。在美国，人们除非特殊情况或迫不得已一般都不会提及金钱，这也令他大大地舒了一口气。因为在日本，人们对之表现出的极大“关心”常常令他不自在，人们会对他说：“村上君，你赚了那么多稿费该换一辆好一点的车子了。”“村上君写畅销书钱大大的有，花这点算什么。”而在美国，他却常常被问起自己的妻子做什么工作，他是断然不能像在日本那样理所当然地说自己的妻子是家庭主妇的，那在自强自立的美国妇女那简直不可理解。在美国，他看到知识阶层格式化了的精英意识，尤其是在精英知识分子聚集的普林斯顿，他看到人们简直就是在设定好了的概念中去生活的：“从报纸到啤酒牌子，何为 Correct 何为 Incorrect，在这里都有相当明确的区分。”符合这个既定的、约定俗成的概念就是“正确”的，否则别人就会对你投以怪异的目光。了解了这些之后，村上感觉当着众人再喝自己喜欢但却被打上了工人阶级或穷人标签的啤酒，订自己想订但却打上了平庸大众标记的报纸就会觉得不自在。在这一点上，他还是喜欢日本精英在平民中的“隐匿性”。而恰恰是在美国，在日本公派赴美的那一小撮自命不凡的“精英”中，村上才更明显地意识到原来日本国内也有一部分精英实际上非常“不对劲”，他们按自己所在大学、公司的名头自我标榜并设定“塔形的”地位座次和社交结构。村上厌倦这一切，他更喜欢以没有组织、没有所属团体的自由写作者的身份和心态居于其外。

当然，作为一个日本人，美国有时也会以不甚友好的方式让他想起珍珠港之类的历史结怨，带给他不甚愉快的经历，比如有时他会看到人们抵制日本车的标识；在 Coach 的店铺里，他会听到服务员以非常不友好的口吻和态度跟他说话；等等。在那里，他看到隐形的种族歧视更是无处不在。一位黑人出租车司机就对他说：“在这个国家，我们像狗一样被人对待。”这让我想起去年在美国旅游时，美国的华裔导游也说到这点，她说：“不但白人对有色人种有歧视，老移民对新移民也有歧视。”除了歧视，村上春树还写到美国的居住环境，貌似私密、环境优美的民居在他看来却隐含着诸多不安全性——在枪支和毒品成为两大杀手的异国他乡，你不知道你的邻居是什么样的人，有着什么样的背景和经历。在那里，他也亲眼目睹了别人择邻不善而招来的麻烦。在这点上，他似乎更倾向于喜欢虽然拥挤但却相对安全的日本。

但也许是听到了自由的召唤，也许是受到了新生活的引诱，两相对比，彼时的他选择了异乡。

至于外国语，他似乎有着一些难言之隐，甚至此书以《终究悲哀的外国语》为题对他亦有“相当现实的意味”。对他而言，这说不清的隐痛还不仅仅是交谈时“电池耗尽”的感觉，这“悲哀”主要也不是被迫讲外语的压力或讲不好外语的悲哀：“我真正想说的，是自己如此命中注定似的受困于不具‘自明性’的语言这一状况本身所含有的某种类似悲哀的东西。”村上的意思，你懂了吗？我没有太懂。这不具“自明性”的困扰似乎又不局限于作为英语的外国语，在母语的日语之上仿佛也表现出同样的困扰。在后记中他说：“无论置身何处，我们的某一部分都是异乡人，我们迟早都将在若明若暗的地带被无言的‘自明性’所背叛和抛弃——这是令我不无悚然的疑念。作为一个人，作为一个作家，我恐怕将永远怀抱这‘终究悲哀的外国语’生存下去。”说到这里，有了一点日本樱花飘落般的伤感。

村上毕竟是一个小说家，没有读过他的小说，在此我还是不要对他作过多的评说了吧。要不了多久，我的随笔集《读懂美国：行走在现实与书本之间》也要出版了，村上的美国给我提供了一个不同的视角。

（《终究悲哀的外国语》，村上春树著，林少华译，上海译文出版社，2010 年 12 月第 1 版，2016 年 4 月第 3 次印刷）

2016 年 11 月 20 日

对酒当歌，人生几何？

——读柳亚刀《琴瑟在御》

晕头转向地在办公室坐了一天，昨日下班想带上本书读点儿小软文，在《买书琐记》《薄伽梵歌》和《琴瑟在御》中选了柳亚刀的书。这本100多页的小书一个月前从西单图书大厦买来，本也没有太过重视，但直觉认为用来放松消遣应该还是不错的。

不出所料，柳亚刀先生的笔墨轻松随意，不事造作，有历史典故，有眼下风景，有真情流露，皆随手拈来、自由挥洒，文章近似小品，短小精悍，却也别有特色。

说来也巧，之前刚刚读过两页止庵的《六丑笔记》，绕来绕去真的是将我绕晕了，刹那间感觉止庵“不是我的菜”。亚刀先生正相反，他率性而为，不失可爱。不知道是两者气质对比太鲜明，还是两本书阅读时间挨得太近，读柳亚刀的书总禁不住想起止庵，两相穿插闪回，甚至逼迫我去思索：生活真的需要时时深刻时时深奥吗？人生和学问真的需要究根问底、逻辑清晰、事实确凿吗？按照本性尽情挥发、率性流露不也是一种美、一种格调吗？尽情尽兴之时，他的文字不乏文学的诗意以及与生活隔了一层的唯美。那是一种没有禁锢的洒脱。

读他的文字我还想起陈传席，虽然坊间对陈先生的评价众说纷纭，他对吴冠中先生的批评我也不甚同意，但不可否认，他的《悔晚斋臆语》简而又简的语言风格还是颇富个性，与柳亚刀先生似有相通之处。果不其然，柳先生在他的这本小书中也提到了“悔晚斋”，对它亦是欣赏有加。叔本华不也说了吗：智慧的语言直抵核心，不必啰唆。想想还是很有道理。尤其现代社会，人们肯将时间花在冗长文章上的时间恐怕越来越少。即使不为功利、实用考虑，刻意求长、故弄玄虚也是不可取的，能一句话说清楚的，为什么要绕个大弯子将人绕晕呢？即使很有学问，深入浅出地将肚子里的学问倒出来，让一个普通人也能明白不是更好吗？这一点上我佩服朱光潜先生，美学的话题经他娓娓道来，全是家常话，听来却是满心欢喜。

当然，我想问题可能不在止庵，而在于止庵“不是我的菜”。没办法，人与人的“眼缘”有时真的是在刹那间啊。

回来还说柳亚刀，他书中的小情节、小故事都是他的亲身经历，但无一不活灵活现，流露着他人的性情，也流露着自己的性情，从中能看出他的善良、仗义和满不在乎。正如他写这些“闲文闲篇”，就是于不经意间采撷而来，被他称作“余笔”，是趁着诗意未尽的余力所作的涂鸦，“不求章法，只求尽兴”。而正因如此，才能得到好文章吧？齐白石先生曾作《三馀图》，题款称：“诗者，睡之馀；画者，工之馀；寿者，劫之馀。”“工之馀”的绘画，成就了他这位美术史上不可多得的大家。一切天然的，都是上好的，不求而自得。

书中还插了些速写小画，寥寥几笔，却透着文人性情，或庄或谐，或俗或雅，和文字、作者有着相同的气质与格调。对酒当歌，人生几何？要的，就是这份随意。

书于今日上班路上读完，读完即发朋友圈分享：“读书未必大部头，小软文路上读完，也有味道。”

（《琴瑟在御》，柳亚刀著，长江文艺出版社，2015 年 11 月第 1 版第 1 次印刷）

2017 年 3 月 23 日

巴黎沉湎

——读郑振铎《欧行日记》

《欧行日记》，将近半本都是在海上，后半本才是在巴黎。郑振铎先生说，这些文字只是他欧行日记的四分之一，其他部分都散失了。

先说海上的部分，最初几日的兴奋过后，便是一日一日的流水账、一日一日的蹉跎，我读着读着也似要睡着了。“我坐在甲板上，船栏外便是那墨蓝色的海水，海水，海水。勉强闭了两下眼，一睁眼便又看见那墨蓝色的海水，海水，海水……到舱中躺下，舱洞外，又是那奔腾而过的墨蓝色的海水，海水，海水。”“终日是黑色的海，重浊的天，真是太单调了。”这情景和眼下时兴的邮轮海上巡游的浪漫实在联系不起来。当读到“如今那下午，那黄昏，是如何的难消磨呀！铛铛铛，打了报时钟之后，等待第二次的报时钟的铛铛铛，是如何的悠久呀！如今是一时一刻的挨日子过，如今是强迫着过那有韵律的无变化的生活，强迫着见那一切无生趣无变化的人与物”，我忍不住在旁边批注：静下来看点书不好吗？同样的日子，但看你怎么去度过。一个人觉得浪漫美好时，另一个人可能会觉得全然乏味，而一个人若不懂得与自己和周遭和谐相处，不懂得奥修所说“到了最深处你只能是一个人”，不懂得享受“孤独”之中的丰盛与欢喜，他就很难了悟人生。漫漫的海上时光，正是静心独处或安心做事难得的机会，但郑振铎先生却如此难捱。

他记日记，仿佛也是为了记日记而记日记，若是哪天忘了，他还会凭记忆补上。这样的日记，未免失去了些真实的成分，显得有些刻意了，但可以理解的是，他的这些文字彼时最重要的是要给他的爱妻看的。他的日记里不时流露想念爱妻的字句和情绪，作为读者，收益确实不是很大。在读着的时候，我脑海里总是浮现几年前我们的日韩海上之旅。在我个人的经验里，那是迄今为止最为自由、最为舒适、最为惬意的旅行了。人的一生中这样的时光是难得的，于是很为郑先生的“不知珍惜”而惋惜。

这本书写于 20 世纪 20 年代，如果说沿途风物与今日相比有什么不同的话，就是他途中看到的“亚丁”人和“亚剌伯人”三番五次不停要“小账”，和贫家小儿于船靠岸时奋不顾身地争相跳入海中去捡拾船客扔入水中的钱币。读了这些内容有一种不舒服的感觉。

再谈陆上的部分。经过漫长的航行，他终于到达了马赛，并在巴黎暂时落脚。除了吃饭睡觉，巴黎的日子就是图书馆、博物馆和歌剧院的日子，他在图书馆找中文图书，评鉴各种版本，间或去博物馆，参观卢浮宫（书中译成“洛夫”）、凡尔赛宫、克鲁尼博物馆、卢森堡博物馆，罗丹、莫奈、埃内尔、巴尔扎克博物院，看歌剧院或到卢森堡公园的大树底下读书，到露天咖啡馆坐着“看街”、喝咖啡，都颇自在悠闲，他的最终目的地本是英国，但看上去并不着急。想想那时的人们能有如此奢侈的时光用来逍遥，实在是件幸福的事。而看到此状，他远在中国的太太心头却掠过一丝隐约的担忧，在某一日的信上，她说：“我想法国不是一个好地方，你可不必多在那流连着。何不早些到英国去呢？法国风俗是非常坏的，你看得出吗？”

郑先生自然打消了妻子的顾虑，字里行间他对妻子的思念之情亦可以作证。然而对于一个热爱文艺的人，巴黎确实是个容易让人沉湎的好地方，当随他再次重温卢浮宫、凡尔赛宫的辉煌盛景，内心依然充满了愉悦，而当读到罗丹博物馆、恩纳博物馆和更多我未去过的博物馆时，刹那间勾起内心的无限向往。

罗丹博物馆就在他的寓所附近，他写道：“其中上下二层，陈列他的杰作及他生平所收藏的古代雕刻、盘子以及图画。他的作品，凡二百余件，都是原作，自《思想者》起，至《巴尔扎克》《萧伯纳》《诗人与诗神》等止，都是我们曾在书上见到的。”这些作品，我在中国国家博物馆的罗丹雕塑展上倒是见到过。

而埃内尔博物馆：“没有一个博物馆是比这个更冷寂的了……但却没有一个博物馆比这个更亲切、动人；这里有许多这个大画家生前的遗物，有他的烟斗，他的眼镜，他的铅笔，他的用了一半的炭笔、粉笔，他的大大小小的油画笔，他的还粘着许多未用尽的颜料的调色板，他的圆规，他的尺……这里是他的客室、他的画室，画室里是照着原来的样子陈列着，我们可以依稀看出这个大画家工作时的情状。”“我在巴黎，也曾见到过好几个个人博物院，罗丹（Rodin）的是规模很大，莫奈（C.Monet）的是绚丽明洁，却都没有埃内尔的那么显得亲切。他藏在这个博物院的作品，连素描在内，共有七百幅以上。他一生的成绩，大半是在这里了。”

艺术，总能勾起我无限的激情，而艺术之中的熏陶与徜徉，也使他的文字平添了些声色。

（《欧行日记》，郑振铎著，凤凰出版社，2009 年 1 月第 1 版第 1 次印刷）

2015 年 8 月 28 日